HYBRID
VERLAG

AF537542

HYBRID VERLAG
Vollständige Taschenbuchausgabe
11/2022

Menschen und andere seltsame Wesen

Westring 1
66424 Homburg

Umschlaggestaltung: © 2022 by Creativ Work Design, Homburg
Lektorat: Matti Laaksonen
Korrektorat: Petra Schütze
Buchsatz: Lena Widmann
Autorenfoto: Monika Loerchner: Sabrinity
Autorenfoto: Leveret Pale: privat

Coverbild › Vollkommenheit‹
© 2018 by Creativ Work Design, Homburg
Coverbild ›Dämonenritt‹
© 2021 by Creativ Work Design
Stock-Fotografie-ID:509859337 / Bildnachweis:D-Keine
Lizenzfreie Stockfoto Nummer: 2025647777 / Bildnachweis: FOTO-KITA
Stock-Fotografie-ID:1181216754 / Bildnachweis: mputsylo

ISBN 978-3-96741-175-1

www.hybridverlag.de
www.hybridverlagshop.de

Bibliografische Informationen der Deutschen Nationalbibliothek: Die Deutsche Nationalbibliothek verzeichnet diese Publikation in der Deutschen Nationalbibliografie; detaillierte bibliografische Daten sind im Internet über http://dnb.de abrufbar.
Printed in Germany

Monika Loerchner, Leveret Pale

Menschen und andere seltsame Wesen

Anthologie

Ich widme meinen Teil dieses Buches Ernst W. Heine, der mich noch immer auf neue Geschichten hoffen lässt, dessen Feuervogel, Taube und Raben alle paar Jahre mein Leben verändern, der diese Widmung vermutlich weder lesen noch gutheißen wird und ohne dessen literarisches Wirken es viele dieser Geschichten zweifellos nie gegeben hätte.

Monika Loerchner

Unter Autoren

Nikodem: Also: was machen wir jetzt?

Monika: Der Plan war, dass wir das Vorwort wie ein Gespräch aufziehen...

Nikodem: Ich bin mir nicht sicher, ob das so gut funktioniert.

Monika: Wie würdest du denn ein normales Vorwort beginnen?

Nikodem: ›Unter Menschen. Wenn man sich nach langer Zeit in seinen vier Wänden wieder unter Menschen begibt, sieht die Welt manchmal merkwürdig aus...‹

Monika: Ich würde damit beginnen, wie sehr ich mich freue, dass ich dich zu diesem Projekt überreden konnte und dass wir beim Hybrid Verlag ein Zuhause für das Buch gefunden haben.

Nikodem: Das ist langweilig. Wenn wir ein Vorwort haben, dann sollte da irgendetwas für die Leser Interessantes und Relevantes drinstehen. Unsere Freude ist doch etwas zu offensichtlich ...

Monika: Vielleicht, dass wir sehr konträr sind?

Nikodem: Sind wir das? Wir haben einige Schnittmengen. Wir schreiben beide Phantastik und haben einen ähnlich kruden Humor.

Monika: Deiner ist aber wesentlich kruder als meiner! Wenn ich da an ›Jenseits des Lichts‹ denke...

Nikodem: Ich bin einfach etwas jünger und radikaler. Aber zurück zum Thema. Was wollen wir mit dem Vorwort erreichen?

Monika: Leserin oder Leser nimmt das Buch in die Hand, schlägt es auf und liest das Vorwort. Grinst. Kauft das Buch, wir werden reich. Weltherrschaft.

Nikodem: Du hattest mich bei Weltherrschaft. Aber ein Dialog zwischen uns beiden? Ich weiß nicht, ob wir so interessant sind, schließlich sind wir quasi zwei Charaktere, zu denen die Leser keine emotionale Bindung haben.

Monika: Ja, aber jeder von uns repräsentiert eine ganze Menge: Du, der junge, wütende Student mit großen künstlerischen Ambitionen. Ich dagegen gehöre der Generation Y an - reicht das nicht? Du und ich leben in vollkommen unterschiedlichen Welten, selbst wenn wir bei Ingwer-Tee und Latte Macchiato nebeneinandersitzen. Du kommst auf Ideen, auf die ich nie käme, das finde ich mega-spannend! Meine Lieblingsgeschichte von dir ist übrigens ›Ein perverser Anschlag‹. Ich lache mich jedes Mal scheckig!

Nikodem: Ich glaube, der durchschnittliche Leser kann sich besser mit einem Serienkiller identifizieren als mit einem Autor. Denn jemanden umbringen wollte jeder schonmal, aber ein Buch schreiben, auf solche Ideen kommen wirklich nur Sonderlinge.

Monika: Hm, OK, dann lass uns doch kurz nachrechnen: wie viele Menschen werden in dem Buch gekillt? Ich komme auf sieben plus die in ›Sommerwind‹.

Nikodem: Warte, ich muss nachzählen. Ein paar offensichtlich allein in ›Die Erdbeersahnemorde‹. ›Jenseits des Lichts‹? Das könnten nun ... vielleicht ...

Monika: OK, belassen wir es dabei. Wie sieht es mit Romantik aus? Ach ja, ›Seine erste Liebe‹. Welche Geschichte ist eigentlich dein persönlicher Favorit?

Nikodem: ›Sommerwind‹ ist echt gut gelungen!

Monika: Jaaaa, finde ich auch! Vor allem (...)

Nikodem: Also falls das ein Dialog fürs Vorwort werden soll, dann hast du gerade gespoilert!

Monika: Wird ja noch poliert. Etwas mehr Vertrauen bitte!

Nikodem: Ich bin ein Paranoiker, ich vertraue niemanden.

Monika: Ich hatte ja kurz erwogen, unsere Namen unter den Geschichten weg zu lassen und die Leute raten zu lassen, wer was geschrieben hat. Doch dann dachte ich: ›Hilfe, nein! Hinterher liest mein Papa ›Jenseits des Lichts‹ und denkt, ich hätte das geschrieben!‹

Nikodem: Wir könnten auch einen Zitate-Dialog als Vorwort machen.

Monika: Klingt genial, aber nach viel Arbeit. Erwähnte ich schon, dass ich 1000 Jobs habe?

Nikodem: Erwähnte ich schon, dass ich drei Hausarbeiten und drei Klausuren in drei Wochen schreiben muss und deswegen seit Tagen das Sonnenlicht nicht gesehen habe?

Monika: OK, dann lass uns mal irgendwie zum Schluss kommen.

Nikodem: ›Wir haben beide wenig Zeit. Und trotzdem haben wir uns Zeit genommen, für euch, liebe Leser, diese großartige Anthologie zusammenzustellen. Mit den verrücktesten und spannendsten Geschichten aus zwei Jahren intensiver Schreibkooperation zwischen unseren beiden durchgeknallten Köpfen. Das ist das literarische Äquivalent von zwei schwarzen Löchern, die ineinander kollidieren und Raum und Zeit erschüttern! Die Geschichten auf den kommenden Seiten werden euch umhauen!‹

Monika: Verstören?

Nikodem: Nein, die meisten Leute wollen Spaß und Spannung! Deswegen sollten wir das eher als ›interessant, die spannenden und unerforschten Seiten der menschlichen Psyche beleuchtend‹ vermarkten.

Monika: OK. ›Spannende, überraschende, verblüffende Einblicke in das Leben von Menschen und manch anderen Kreaturen - phantastisch, dystopisch, aber auch in der Realität verhaftet‹?

Nikodem: Genau darum geht es!

Monika: Ich glaube, damit haben wir's!

Inhaltsverzeichnis

Sommerwind

Monika Loerchner und Leveret Pale

Sie konnte nicht aufhören zu zittern. Der kleine, halboffene Verschlag war ein lausiges Versteck. Vor allem die Biotonnen rochen widerlich. Bei dem Gedanken an all die Maden, die sich zwischen den Essensresten wanden und fett fraßen, musste sie aufstoßen: Der säuerliche Geschmack von Magensäure zerging auf ihrer Zunge. Sie verzog angewidert das Gesicht. Es schüttelte sie, denn sie sah vor ihrem inneren Auge, dass sie auch bald so enden würde. Als Madenfutter, als faulendes, verwesendes Fleisch.

»Alyssa! Aaalyyyssaaa!«

Sie riefen wieder nach ihr. Ihre Mutter, der Doktor, ihre Nachbarn. Alyssa hielt sich die Ohren zu und biss sich auf die Lippen, bis sich zu der Säure der metallene Geschmack von Blut gesellte, nur um nicht zu schreien. Das hier war ein Albtraum, wie er schlimmer nicht sein konnte. Aber sie musste sich zusammenreißen. Das war ihre einzige Chance.

Robin wartete sicher schon auf sie. Sie schluckte und überprüfte zum hundertsten Mal, ob die Klinge des Messers, das Robin ihr gegeben hatte, auch wirklich auf Knopfdruck heraussprang. Sie schloss kurz die Augen, um die Erschöpfung, die sie zunehmend übermannte, mit einem Seufzer auszustoßen. Es war, als wäre sie in einem ewigen Albtraum gefangen, dabei war vor wenigen Stunden noch alles gut gewesen.

***

Der Tag hatte ganz normal angefangen. Ein Samstag wie jeder andere. Sie hatte bis Neun geschlafen, noch eine Stunde lang im Bett durch ihre Nachrichten gescrollt, sich durch Instagram getippt und danach die neusten Videos ihrer Lieblings-Youtuber angesehen. Sie hatte ihr Smartphone auf das Nachtschränkchen gelegt und zum Laden angeschlossen.

Dann war sie hinunter in die Küche gegangen. Ihre Mutter hatte am Tresen vorm offenen Fenster gestanden und Gemüse für den traditionellen Samstagssalat geschnippelt.

»Guten Morgen, mein Liebling! Hast du schön geschlafen?«

Alyssa hielt ihrer Mutter halbherzig die Wange hin, ließ den Kuss über sich ergehen und schlappte, noch immer in Schlafshirt und Jogginghose, zur Kaffeemaschine.

»Nichts mehr drin?«, brummte sie enttäuscht und schwenkte vorwurfsvoll die Kanne, in der sich nur noch ein klägliches Schlückchen des Wachmachers befand. »Und wieso ist das Fenster auf? Es stinkt hier drin nach Blumenwiese.«

»Weil ich irgendwann lüften muss, mein Schatz!«, antwortete ihre Mutter in dem leidenschaftslosen Ton einer Stoikerin. »Gib mir noch fünf Minuten, dann bin ich mit dem Gemüse fertig und sauge.«

»Als ob das etwas nützen würde, bei dem Scheißwind heute und dem Beet direkt vor der Tür.

»Ja, dieses Jahr hat es Istvan wirklich etwas übertrieben.« Sie lachte. »Aber schön sehen sie aus, seine neuen Blumen, findest du nicht? Er sagt, sie sind sehr selten, er hat sie aus Afrika.«

Alyssa verdrehte die Augen. »Mann, Mama, Afrika ist ein Kontinent mit über zweihundert Ländern. Das ist rassistisch!«

»Rassistisch?« Ihre Mutter hob schmunzelnd die Augenbrauen, während sie die Hände wusch und abtrocknete. »Ist es jetzt auch schon Rassismus, wenn man sich nicht geographisch korrekt ausdrückt? Du weißt, er meint es nicht so. Hier«, ihre Mutter reichte ihr eine weiße Tablette, »nimm deine Medizin.«

»Ja, bevor ich zuschwelle.« Alyssa schluckte das Antiallergikum ohne Wasser. Scheißfrühling, Scheißpollen. Scheißnachbar Istvan, der noch mehr ejakulierende Blumen vor ihre Tür pflanzte. Immerhin halfen die Tabletten, sodass sie sich nicht mehr wie früher in einen schniefenden, aufgedunsenen Rollbraten verwandelte.

»Lass mich mal machen.« Ihre Mutter schob sie sanft zur Seite und setzte eine neue Kapsel in die Kaffeemaschine ein. »Und, was hast du heute Schönes vor, mein Liebling?«

Alyssa zuckte mit den Schultern. »Weiß nicht. Mal schauen.«

»Na dann ...« Ihre Mutter drückte auf den Startknopf der Maschine und mit einem Surren füllte sich die Kanne darunter mit dampfendem Kaffee. Ihre Mutter hielt inne und drehte sich zu Alyssa um. Ihre Lippen formten ein laszives Lächeln. »Ich überlege übrigens gerade, ob ich dir mit einem Fleischmesser die Kehle aufschlitzen soll, sodass dein Blut literweise aus dir heraustropft, oder ob ich dir lieber mit einem Brotmesser den Bauch aufschlitze, was meinst du?«

»Was?« Alyssa starrte ihre Mutter an, die sie nach wie vor anlächelte. »Mama, was ... What the fuck?«

»Alyssa!«

»Du hast doch gerade gesagt ...«

»Was denn?«

»Dass du mich umbringen willst?«

Ihre Mutter lächelte noch breiter. »Aber natürlich habe ich das, mein Schatz. Weil du kleine, blöde Ziege mir unfassbar auf den Zeiger gehst.« Alyssa wich einen Schritt zurück, ihre Mutter griff unter den Tresen, öffnete die Schublade mit den Messern und wühlte darin. »Also, glatte oder geriffelte Klinge?« Sie runzelte die Stirn. »Die geriffelte tut sicher mehr weh, dafür hältst du bei einem Schnitt durch die Kehle schneller deine dämliche Klappe.«

Alyssa stieß einen Schrei aus und rannte los. Bloß weg hier, bevor ihre Mutter tatsächlich mit dem Messer auf sie losging! Was war nur mit ihr passiert? Ein Herzinfarkt oder ein Schlaganfall? Konnte so etwas ein solches Verhalten bewirken? Tausend Ideen schossen Alyssa durch den Kopf, von diversen Drogen bis hin zu einem Hirntumor, während das Blut in ihren Schläfen mit jedem Schritt schneller pochte.

Sie hatte schon die Hand auf der Haustürklinke, als ihre Mutter nach ihr rief. »Kommst du wohl her?«, flötete sie.

Wie angewurzelte blieb Alyssa stehen. Das konnte doch nur ein Irrtum sein, das konnte ...

»Du hast ja noch gar nicht deinen Kaffee getrunken!«, setzte ihre Mutter in mauligem Ton fort. »Und aufschlitzen wollte ich dich doch auch noch!«

Alyssa riss die Tür auf und stürmte hinaus und bevor sie sich bewusst war, was sie tat, steuerte sie auf die Praxis von Doktor Müller zu. Zwar war seine Praxis an dem Tag geschlossen, aber der Hausarzt wohnte mit seiner Frau direkt oben drüber. Er würde wissen, was zu tun war.

»Und die Männer mit den weißen Westen anrufen«, ging es ihr durch den Kopf.

»Doktor Müller, Doktor Müller!«

Sie klingelte und hämmerte gegen die Tür. Ein Stechen ging durch ihre Rippen, ihre Lunge pfiff.

Endlich bewegte sich die grünlackierte Holztür.

»Mädchen, was ist los?«, fragte der junge Arzt, der in Turnschuhen und einem Fußballtrikot vor ihr stand.

»Sie müssen sofort mitkommen«, keuchte Alyssa. »Es ist was mit meiner Mutter. Sie wollte mich umbringen!«

»Dich umbringen?« Der Arzt runzelte die Stirn. »Bist du dir sicher? Kleine, das ist kein Spaß!«

»Wenn ich es Ihnen doch sage!« Sie schluchzte auf. »Sie wollte mit einem Messer auf mich losgehen.«

Der Doktor drehte sich um und rief in die Wohnung: »Schatz, ich muss kurz weg, bei den Melzers gab es wohl einen Zwischenfall. Ich bin gleich wieder da.« Er wandte sich wieder an Alyssa und fragte: »Warst du gestern auf einer Party? Hast du etwas genommen?«

»Nein, natürlich nicht!«

»Oder hat sie etwas getrunken? Habt ihr gestritten?«

»Nein, nichts davon!«

Alyssa verspürte den seltsamen Drang zu lachen. Das war alles so surreal. Sie betete schon seit Jahren nicht mehr, aber jetzt schickte sie ein Stoßgebet zum Himmel: *Bitte, lieber Gott, mach, dass es nur ein Traum ist!*

Doktor Müller fasste sie sanft an die Schulter und hob den Zeigefinger der anderen Hand. »Du wartest hier.«

Kurz darauf kam er mit einem schwarzen Notfallkoffer zurück und wies sie an, ihm den Weg zu zeigen. Während sie zügig gingen, spürte Alyssa immer wieder die Blicke des Arztes auf sich. Glaubte er ihr? Oder hielt er sie für einen hysterischen Teenager, der maßlos übertrieb? Aber egal, er würde sich ja selbst davon überzeugen können, dass sie recht hatte.

Als ihr Elternhaus in Sicht kam, stellten sich ihr sämtliche Härchen auf. »Da ist es«, flüsterte sie und zeigte auf das schmucke Einfamilienhaus. »Sie müssen vorsichtig sein, nicht, dass Mama Sie angreift!«

»Keine Sorge. Ich bin den Umgang mit schwierigen Patienten gewohnt«, erwiderte der Mann so ruhig, dass ein Teil des Schreckens von Alyssa abfiel. Endlich war sie die Verantwortung los. Ab hier würden erwachsene und dafür ausgebildete Menschen übernehmen. Sie würden Mama helfen und alles würde wieder gut werden!

Obwohl die Haustür noch immer offen stand, klingelte der Arzt. Alyssa zuckte zurück, als ihre Mutter lächelnd im Eingang erschien.

»Alyssa, da bist du ja, und guten Morgen, Doktor Müller. Was kann ich für Sie tun?«

»Dürfen wir hereinkommen?«

Ihre Mutter nickte. »Ja, aber natürlich ... Ist etwas passiert?«

»Nein, nein, keine Sorge«, wiegelte der Arzt ab. »Ich würde Sie nur gern etwas fragen.«

»Bitte, folgen Sie mir einfach.« Ihre Mutter drehte sich um und ging voran in die Küche. Dem Duft nach zu urteilen, hatte sie bereits begonnen, Mandeln und Sonnenblumenkerne für den Salat zu rösten.

»Frau Melzer, ich bin hier, weil Ihre Tochter sich Sorgen um Sie macht«, begann der Arzt dort ohne Umschweife. »Wie geht es Ihnen?«

Sie lachte. »Alyssa macht sich Sorgen um mich? Aber es geht mir gut, Herr Doktor, es ist alles wunderbar. Ich wüsste nicht, wozu wir hier einen Arzt bräuchten.«

»Aber Mama«, protestierte Alyssa, die einige Meter hinter dem Arzt stehen geblieben war und misstrauisch die Küche musterte. »Weißt du denn nicht mehr, was du eben für scheußliche Sachen zu mir gesagt hast? Da!« Sie deutete auf die zwei Messer, die auf der Arbeitsplatte lagen. »Das Fleischmesser und das Brotmesser. Doktor Müller, die hat sie herausgeholt und wollte mich damit umbringen!«

»Aber, aber«, er schüttelte sachte den Kopf. Seine Stimme war tief und ruhig. »Mein liebes Kind, das ergibt doch nun wirklich keinen Sinn, meinst du nicht? Wie sollte dich deine Mutter denn auch mit gleich zwei Messern umbringen wollen, hm?«

»Ganz genau!«, erklärte ihre Mutter. »Hören Sie nicht hin, lieber Herr Doktor, natürlich wollte ich Lyssy nur mit einem Messer aufschlitzen.« Sie zuckte mit den Schultern. »Ich kann mich nur für keins entscheiden!«

Alyssa war, als müsste sie schreien, aber aus ihrer Kehle drang lediglich ein Fiepen. Entsetzen kroch ihr die Adern empor und zog ihr Herz zusammen.

»Sehen Sie, Doktor Müller«, krächzte sie. »Sie ist verrückt geworden!«

»Na, na! Man ist doch nicht gleich verrückt, nur weil man sich nicht für ein Messer entscheiden kann!«

Der Arzt zwinkerte ihr zu. Dann beugte er sich vor und nahm die Klingen in Augenschein. »Das sind aber auch beides ganz ausgezeichnete Messer, Frau Melzer, da fällt die Wahl natürlich schwer. Ich hätte aber auch ein Skalpell dabei, haben Sie darüber schon mal nachgedacht?«

Alyssa wich einen weiteren Schritt zurück. Das konnte doch nur ein schlechter Scherz sein! Oder spielte der Arzt das Spiel ihrer Mutter mit, um sie in Sicherheit zu wiegen?

Der Mann stellte den Arztkoffer auf den Tisch, ließ die Schnallen aufspringen und zog die Fächer auseinander. Alyssa verfolgte jeden Handgriff mit angehaltenem Atem. Jetzt gleich würde er sich irgendwie unauffällig eine Beruhigungsspritze in den Ärmel stecken und dann ...

Doktor Müller zog ein Skalpell hervor. Ein seltsam träges Lächeln umspielte seinen Mund, während er es aus der Folie befreite.

»Hier, sehen Sie doch!« Der Arzt drehte die Klinge so, dass sich das Licht in ihr spiegelte. »Wunderschön, nicht wahr?«

Er machte eine blitzschnelle Bewegung und in Alyssas Gesicht flammte Schmerz auf. Reflexartig fasste sie sich an die linke Wange.

»Wa... wa... was haben Sie getan?«, stotterte sie, während ihr das Blut zwischen die Finger rann. »Was haben Sie getan?«

Doch der Arzt beachtete sie nicht weiter. »Frau Melzer, haben Sie gesehen, wie scharf die Klinge ist?« In der Stimme des Arztes klang unüberhörbar Stolz mit. »Ich meine, nichts gegen Ihre Messer, Teuerste, aber so ein Skalpell ist schon was ganz Feines!«

»Wirklich ganz wunderschön!«, hauchte Alyssas Mutter und streckte die Hand nach der Klinge aus.

Alyssa schrie, taumelte rückwärts, rannte in den Flur, fiel hin. Panisch sah sie über ihre Schulter. Ihre Mutter und der Arzt standen nur da und lächelten sie an. Sie rappelte sich auf und lief aus dem Haus.

Sie rannte und rannte. Gedanken schossen ihr durch den Kopf, sprangen von einer wirren Idee zur nächsten, ohne einen Sinn oder eine Erklärung zu finden. Hatte sie sich das alles nur eingebildet? Wohl kaum; die brennende Schnittwunde in ihrer Wange war der beste Beweis dafür. Hatte ihre Mutter so etwas wie einen Gehirntumor? Das wäre möglich, aber wie passte dann der Arzt in diese Geschichte? Es war wohl kaum wahrscheinlich, dass der auch einen hatte. Aber was dann? Eine Krankheit? Etwas Ansteckendes? In diesem Fall wäre sie immun dagegen. Der Arzt war ja auch völlig normal gewesen – bis er in ihrer Küche gestanden hatte.

Der Gedanke ließ sie innehalten. Sowieso konnte sie kaum noch einen Fuß vor den anderen setzen. Das Dorf wirkte wie ausgestorben. Samstags um diese Uhrzeit lagen die meisten Menschen noch im Bett oder aßen gemeinsam ein spätes Frühstück. Trotzdem schaute sie sich erst nach allen Seiten um, bevor sie sich hinter einem Bushäuschen zu Boden sinken ließ. Sicher würden ihre Mutter und Doktor Müller sie über kurz oder lang suchen. Sie musste Hilfe finden, aber wie und wen? Ihr Handy lag in ihrem Zimmer. Sie würde irgendwo klingeln müssen.

Robin.

Er wohnte nur zwei Straßen weiter und war von Kindesbeinen an ihr Freund gewesen. Bevor der Altersunterschied von vier Jahren sie in zwei völlig fremde Welten katapultiert hatte. Doch noch immer grüßte er sie, wenn er mit seinen Kumpels an ihr vorbeifuhr. Außerdem wohnte er nur zwei Straßen weiter und damit viel näher als ihre Freundin Nicole.

Sie schaute vorsichtig auf die Straße. Nichts zu sehen. Dann mal los!

Im Rekordtempo erreichte sie das Haus, in dem Robin eine Wohnung gemietet hatte.

»Was ist denn los?«, kam es verschlafen aus der Gegensprechanlage.

»Ich bin es, Alyssa.« So sehr sie sich bemühte, ruhig zu bleiben, sie schaffte es einfach nicht aufzuhören zu zittern. »Lass mich rein, bitte, es ist dringend!«

Der Türsummer brummte. Erleichtert aufatmend betrat sie das Treppenhaus.

»Ganz oben!« Drei Stockwerke über ihr ragte ein verwuschelter Haarschopf über das Geländer. »Ich lasse dir die Tür auf.«

Bis Alyssa oben angekommen war, hatte Robin bereits Kaffee aufgesetzt.

»Wieso weckst du mich mitten in der Nacht?«, stöhnte er und fuhr sich über den Kopf. Seine Haare standen wild in alle Richtungen ab. Dann fiel sein Blick auf Alyssas Gesicht.

»Himmel, was ist denn mit dir passiert?«

Sie begann zu weinen.

»Hey!« Erschrocken hockte sich Robin vor sie hin. »Was ist passiert?«

Erst nach und nach schaffte sie es, ihm zu erzählen, was geschehen war.

»Wahnsinn«, flüsterte er schließlich und schüttelte den Kopf.

»Das muss ich mir mal ansehen!«

»Bist du verrückt geworden?« Alyssa riss die Augen auf. »Da bringen mich keine zehn Pferde hin. Ruf lieber die Polizei. Immerhin ist dieser Irre auf mich losgegangen!«

»Na ja, die Sache ist nur die ...« Robin wackelte vielsagend mit den Augenbrauen. »Wenn du die Polizei anrufen möchtest, dann sollten wir erst woanders hingehen. Du weißt schon.«

Trotz ihrer Angst musste Alyssa lachen. »Jetzt sag bloß nicht, du baust immer noch an?«

Er zuckte mit den Schultern und grinste schief. »Irgendwie muss ich ja die ganzen Bücher bezahlen!«

»Erzähl mir nichts. Du machst ein duales Studium, da verdienst du doch was.«

»Hast du mal die Spritpreise gesehen? Was meinst du, was mich jede Fahrt in die Firma kostet? Von der Uni mal ganz zu schweigen.«

Einen winzigen Moment lang war es wie früher. Als wäre all das Grauen nie passiert. Als könnte sie wieder normal atmen.

»Geh zu Nicole«, sagte er schließlich. »Ruf von dort aus die Polizei. Ich gehe zu eurem Haus und schaue mir deine Mutter und den Doc mal genauer an.«

»Wieso? Glaubst du mir nicht?«

»Doch. Aber erstens will ich sicher gehen, dass sie niemanden sonst angreifen. Wäre doch möglich, oder?«

Sie zuckte mit den Schultern.

»Und zweitens scheinen sie ja irgendwas zu haben. Eine Krankheit oder eine Vergiftung, die psychotische Anfälle verursacht. Ich mache mir Sorgen, nicht, dass sie einen Herzinfarkt bekommen oder so was.«

Schon sah Alyssa ihre Mutter zuckend auf dem Boden liegen.

»Du hast recht. Aber bitte sei vorsichtig. Wir treffen uns dann bei Nicole?«

»Ja. Warte kurz.« Robin verschwand im Schlafzimmer und kam kurz darauf mit einem Handy in der Hand wieder. »Hier, nimm das. Du findest die Nummer meines Privathandys unter *Onkel Bob.*«

»Onkel Bob?«

Er grinste. »Reine Vorsichtsmaßnahme. Ist mein Geschäftshandy. Ruf mich an, wenn etwas ist. Ich melde mich, sobald ich etwas weiß.«

Sie hatte noch nicht einmal die Hälfte des Weges zu Nicole zurückgelegt, als Robins Handy in ihrer Hosentasche vibrierte.

»Was ist? Geht es Mama gut?«

»Ja, ich denke schon.«

»Du denkst?« Fast hätte sie gebrüllt.

»Hör zu, deine Mum und der Doc stehen in der Küche und unterhalten sich.«

»Worüber?«

»Keine Ahnung. Ich habe mich hinten durch Istvans Garten geschlichen und habe sie durch die Terrassentür beobachtet.«

Ihr fiel ein Stein vom Herzen. Immerhin eine Sorge weniger – bis ihr auffiel, dass etwas mit Robins Stimme nicht stimmte. Sein Atem rasselte und er hatte die Worte herausgepresst, wie unter Schmerzen.

»Ist alles in Ordnung bei dir?«, fragte sie.

Er schniefte. »Hör mir zu! Geh nicht zu Nicole! Wir treffen uns hinterm Feuerwehrhäuschen. Pass auf, dass dich keiner sieht.« Seine Stimme nahm einen schärferen Ton an. »Niemand, hörst du?«

Ihr Hals zog sich zusammen. »Was ist denn los?«

»Das erkläre ich dir gleich.«

Ein Klicken verriet, dass er aufgelegt hatte.

Noch nie war Alyssa allein zu dem allgemein bekannten Treffpunkt für Pärchen gegangen. Die Erregung, die sie jetzt verspürte, hatte jedoch nichts mit Schmetterlingen im Bauch zu tun. Es war nichts romantisch daran, allein hinter dem Feuerwehrhäuschen zu stehen und auf eine Erklärung zu warten, warum sich ihre Mutter in eine Irre verwandelt hatte.

Sie zuckte zusammen. Hatte sie da eben Schritte gehört?

Sie lugte vorsichtig um die Ecke. Es war Robin.

»Da bist du ja endlich«, flüsterte sie und fiel ihm kurzerhand um den Hals. Dann trat sie einen Schritt zurück und betrachtete ihn genauer. Robin war aschfahl im Gesicht.

»Was ist passiert?«

»Frau Rilke hat mich angegriffen«, gab er tonlos zurück.

»Was?«

»Schhh, sei doch leise.«

Er schaute sich nach allen Seiten um, bevor er fortfuhr.

»Ich kam grade aus Istvans Blumenbeet gekrochen, als sie mir eine Schaufel übergebraten hat.«

»Was?«

Er zog die Nase hoch. »Zum Glück hat sie mich nur an der Schulter getroffen. Aber für eine alte Frau hat sie ganz schön Wumms.«

Alyssa schloss kurz die Augen und atmete tief durch. »Vielleicht hat sie dich für einen Einbrecher gehalten, der unser Haus auskundschaften wollte?«, fragte sie vorsichtig mit einem Kloß im Hals.

»Nein. Ich habe mich ja dann umgedreht und ihr auch meinen Namen genannt. Aber sie hat immer weiter mit der Schaufel auf mich eingedroschen. Da musste ich mich wehren …«

»Bist du verletzt?«

»Nur ein paar Prellungen.« Er fuhr sich mit den Fingern durch die Haare. »Etwas geht hier vor, Alyssa, etwas sehr, sehr Seltsames. Die Leute drehen durch. Deswegen wollte ich auch nicht, dass du zu Nicole gehst.«

»Denkst du, sie ist auch durchgedreht?«

»Wer weiß? Im Moment können wir niemandem trauen.«

Alyssas Knie gaben nach und sie sank zu Boden. Sie schüttelte den Kopf, während sie im Matsch saß und Robin neben ihr kauerte.

»Es muss doch einen Grund für das alles geben«, hörte sie sich selbst weinerlich murmeln, wie aus einem Traum. »Ich meine, so was passiert doch nicht einfach so. Ist es eine Krankheit? Oder eine Vergiftung? Immerhin sind bis jetzt alle in der Nähe meines Hauses durchgedreht ...«

»Ich weiß es nicht.« Robin legte eine Hand auf ihre Schulter und schüttelte den Kopf. »Das kann nicht sein. Dann hättest du dich ja auch angesteckt oder wärst auch vergiftet worden.«

»Oder du. Eben.«

Er wurde noch eine Spur bleicher und schniefte. »Scheiße, du hast recht. Am besten rufst du die Polizei, bevor ich auch noch auf dich losgehe.«

Sie schluckte. »Das habe ich doch nur so gesagt.«

»Und du hast recht!«

Sie stand auf und schaute ihm direkt in die Augen. Anders als bei ihrer Mutter und dem Arzt konnte sie keine Mordlust darin erkennen.

»Nein, das glaube ich nicht. Sieh mal, Doktor Müller ist ja auch sofort ausgerastet, kaum dass er bei uns war. Wenn du dich angesteckt hättest, dann wärst du schon längst auf mich losgegangen!«

»Du meinst, wir sind beide immun?«

Sie zuckte mit den Schultern. »Sieht wohl so aus.«

»Aber wieso?« Er schniefte erneut. »Verdammt, jetzt reicht es mir aber, dann nehme ich halt noch eine!« Er griff sich in die Hosentasche. »Verdammter Istvan mit seinem Monsterblumenbeet!«

Mit großen Augen verfolgte Alyssa, wie Robin einen Blisterstreifen hervorholte, eine Tablette herausdrückte und schluckte. »So, gleich geht es wieder«, sagte er und zog die Nase hoch.

»Das ist es«, hauchte sie.

»Was ist was?«

»Was hast du da genommen?«, fragte sie und zeigte auf seine Hosentasche. »Lass mich raten: Ein Antiallergikum?«

»Ja, genau.« Er holte den Streifen erneut hervor und hielt ihn ihr hin. »Gegen meinen Heuschnupfen.«

»Ich habe dieselben Tabletten.«

»Und?«

»Verstehst du denn nicht?« Sie deutete aufgeregt Richtung Dorfmitte. »Istvans Blumen. Die müssen es sein, die alle so bekloppt machen!« Sie gestikulierte wild. »Die Pollen sind heute Morgen direkt in unsere Küche geflogen. Dann ist Mama durchgedreht. Das Zeug war überall und als der Doktor kam ...«

»... hat er sie eingeatmet.« Robin nickte. »Und Frau Rilke wohnt auf er anderen Seite direkt nebendran.«

»Genau. Aber uns konnte das Zeug nichts anhaben, weil wir beide das Antiallergikum intus haben.«

Alyssa fiel ein Stein vom Herzen. »Ja genau«, rief sie, »das macht jetzt alles Sinn. Die Blütenpollen beinhalten sicher irgendwelche halluzinogenen Stoffe, das hört man ja immer wieder, so wie diese Engelstrompeten.«

Robin kratzte sich am Hinterkopf und seufzte. »Der arme Istvan ahnt vermutlich gar nicht, was er da angeschleppt hat.«

Alyssa grinste. »Robin, das ist die Lösung! Alles wird wieder gut!«

Doch sein Blick war wie gefroren. »Weißt du nicht, was das bedeutet?«

Sie schüttelte den Kopf. Die überschwängliche Freude verschwand durch seinen eindringlichen Ton.

»Wenn wir die Polizei anrufen ... und ihnen der Wind die Pollen ins Gesicht weht ...«

Er ließ den Satz unbeendet, doch auch so erschienen in Alyssas Fantasie schwerbewaffnete Polizisten, die Jagd auf sie machten.

»Dann sagen wir ihnen einfach, sie sollen mit Gasmasken kommen?«

»Ja klar«, sagte Robin spöttisch. »Eine Schülerin und ein wegen Kiffens aktenkundiger Student rufen bei der Polizei an und faseln was von Psychodrogenpollen, mordlustigen Ärzten und Gasmasken, und das werden die uns dann auch mit Sicherheit glauben! Nee, nee, das wird so ablaufen, dass die erstmal eine Streife schicken. Und was passiert, wenn die dann durchdrehen, kannst du dir ja vorstellen.«

Alyssa schaudert. »Und wenn wir uns anderswo Unterstützung holen? Ich meine, heutzutage hat doch fast jeder zweite Heuschnupfen, da muss es doch auch hier zig Leute geben, die ebenso immun sind wie wir!«

»Stimmt. Aber weißt du, wer? Außerdem bedeutet das noch lange nicht, dass die auch dasselbe Zeug einnehmen wie wir. Nein, das Risiko ist zu groß!«

»Aber irgendetwas müssen wir doch tun können!«

»Das können wir auch!« Robins Augen glitzerten. »Wir verbrennen die Blumen! Dann können sie keine Pollen mehr absondern.«

»Du meinst«, sie fasste neue Hoffnung, »wir können diese blöden Dinger einfach abfackeln?«

»Genau.«

»Aber was ist mit den Leuten, die schon infiziert sind? Was ist mit meiner Mama?«

Er zuckte mit den Schultern. »Irgendwann wird die Wirkung ja wohl nachlassen. Wir müssen also einfach nur abwarten.«

»Stimmt. Dann brauchen wir aber Benzin oder so was.«

»Das lass mal meine Sorge sein. Ich besorge uns was von der Tankstelle. Aber du müsstest in der Zwischenzeit das Beet im Auge behalten und mir, wenn ich zurückkomme, sagen, ob die Luft rein ist. Schaffst du das?«

Ein Teil von ihr wollte wieder zu Boden sinken und nichts tun. Ein anderer Teil wollte in die Kirche rennen und sich dort verstecken, bis alles vorbei war. Doch nichts davon würde ihr ihre Mutter wiedergeben.

Sie ballte die Hände zu Fäusten und nickte. »Okay, dann lass uns keine Zeit verlieren. Je länger wir warten, desto mehr Menschen können sich infizieren.« Er griff in seine Gesäßtasche und holte einen glänzenden Gegenstand hervor.

»Ein Springmesser? Sind die nicht schon seit Jahren verboten?«

»Willst du lieber unbewaffnet da raus?« Er sah ihr tief in die Augen. »Nimm es. Versteck dich am besten bei Friedmanns zwischen den Mülltonnen. Oder noch besser bei Walters im Garten hinter der Hecke. Von da aus hast du einen guten Blick auf Istvans Beet und die Straße.«

Zögerlich nahm sie das Messer und ließ es in die Hosentasche gleiten.

»Pass bitte auf dich auf«, sagte er.

»Du auch auf dich!«
»Dann los.«

Alyssa umschloss das Springmesser in ihrer Hosentasche mit schwitzenden Fingern. Mit klopfendem Herzen trat sie auf die Straße. Sie kam gut voran, die Straßen waren wie ausgestorben, nur einmal fuhr ein Geländewagen an ihr vorbei. Nur noch eine Straße trennte sie von ihrem Ziel.

»Alyssa? Bist du das?«, schnitt die Stimme ihrer Mutter wie eine Rasierklinge durch ihr Herz. Sie blieb wie paralysiert stehen und drehte langsam den Kopf. Am anderen Ende der Straße überquerten ihre Mutter, der Doktor und einige andere Dorfbewohner die Kreuzung, in den Händen hielten sie Messer.

»Fuck«, stieß Alyssa aus und rannte los. Die Rufe der Meute hinter ihr wurden laut und mehrten sich, doch sie dachte gar nicht daran stehen zu bleiben. Sie hängte ihre Verfolger ab, indem sie durch mehrere Gärten rannte. Am liebsten wäre sie weggelaufen und hätte sich im Wald versteckt. Doch sie konnte Robin nicht im Stich lassen! Sie musste die durchgedrehte Meute weg von den teuflischen Blumen führen. Nur dann hatte ihr Freund eine Chance, sie zu zerstören.

Sie rannte weiter und lief aus einer spontanen Eingebung heraus zum Dorfzentrum. Hinter dem Bäcker gab es einen kleinen Verschlag, in dem sie früher immer mit Nicole zusammen heimlich geraucht hatte. Es war ein enges, stickiges Häuschen, zusammengezimmert aus moderndem Holz, vollgestellt mit Biomülltonnen, die seit Monaten nicht mehr geleert worden waren, und rostenden Werkzeugen, aber es war das perfekte Versteck. Die Meute würde glauben, sie wäre in den Wald gelaufen und weiterziehen, während sie hier einfach abwarten musste …

Die Stimmen kamen näher.

»Ich könnte schwören, dass sie es war«, hörte sie die Stimme ihrer Mutter wenige Meter neben dem Verschlag.

»Sie wirken ein wenig psychotisch, meine Liebe. Vielleicht sollte ich an Ihnen eine Kraniotomie vornehmen, damit Sie wieder klar denken können.«

»Gerne doch, lieber Herr Müller«, entgegnete Alyssas Mutter in einem schnippisch-lasziven Ton. »Aber erstmal müssen wir diese Göre von Tochter finden, sonst gibt es heute Abend nichts zu naschen.«

»Sehr wahr«, sagte der Arzt.

Die Stimmen entfernten sich wieder. Eine Ewigkeit schien zu vergehen, während Alyssa zitternd und mit Herzrasen zwischen dem Müll kauerte.

»Ich komme, Robin!«, flüsterte sie irgendwann, als die Stimmen schon längst verklungen waren. Er konnte sie natürlich nicht hören, aber auf eine seltsame Weise machte es ihr Mut.

Sie kroch hinter den Mülltonnen hervor und stand vorsichtig auf. Zwei, drei zittrige Schritte. Sie spähte hinaus. Die Straße war leer. Bevor sie es sich anders überlegen konnte, lief sie los. Ihre Beine trugen sie in die Richtung Istvans Blumenbeet. Sie musste dorthin, koste es, was es wolle. Sie kam allerdings keine zwanzig Meter weit, als sich ihr eine Gestalt in den Weg stellte: Tonia, eine junge Frau aus der Nachbarschaft. Das böse Lächeln, das Tonias Gesicht verzerrte, verriet Alyssa, dass sie bereits kontaminiert worden war. Kein Wunder, so wie der Wind heute immer wieder drehte. Panisch sah sie sich um, doch weit und breit war keine Hilfe in Sicht. Ihre linke Hand krampfte sich um das Smartphone, die einzige Verbindung zu Robin. Ihr rechte umklammerte den Griff des

Springmessers. So unauffällig wie möglich drückte sie mit ihrem Daumen den Knopf, der die Klinge herausspringen ließ.

»Hallo Alyssa!«, sagte Tonia und lächelte wieder ihr falsches Lächeln. »Gut, dass ich dich treffe, deine Mutter sucht dich schon überall.«

»Das kann ich mir vorstellen«, murmelte Alyssa. »Ich habe es eilig, lass mich vorbei!«, fügte sie lauter hinzu.

Die junge Frau zuckte mit den Schultern. »Alles klar, ich bin schließlich nicht dein Kindermädchen.«

Hatte sie sich geirrt und Tonia war gar nicht infiziert? Hatte nur das durch die Bäume fallende Sonnenlicht böse Schatten auf ihren Zügen tanzen lassen? Zögerlich ging Alyssa weiter. Jeder ihrer Nerven zum Zerreißen gespannt und sie war jederzeit darauf gefasst, loszurennen. Doch nichts geschah. Erst als sie auf einer Höhe mit ihrer Nachbarin war, schaute ihr diese direkt in die Augen.

»Lyssy, es geht mich zwar nichts an, aber deine Mutter sucht dich wirklich dringend.«

»Stimmt, das geht dich nichts an.«

»Ich meine ja nur.« Tonia zuckte mit den Schultern. »Aber kannst du es ihr verübeln, dass sie dir die Gedärme rausreißen will? Ehrlich«, sie lachte, »ich würde mir zu gern deine Darmschlingen um den Hals wickeln. Mal schauen, vielleicht mache ich es ja selbst! Du glaubst ja nicht, was das für einen Spaß macht!«

Sie bleckte die Zähne, aus ihrem Mund tropfte Blut.

Alyssa schrie auf und hob das Messer. Dann stach sie zu, Tonia kreischte, das Blut spritzte Alyssa in die Augen, aber sie kniff sie zu und stach erneut zu, und noch einmal und immer und immer wieder. Tonias Fingernägel bohrten sich in ihr Fleisch und ihre Schreie in ihre Ohren, aber alles, was

Alyssa spürte, war blinde Panik. Als der Körper von Tonia endlich erschlaffte, stieß Alyssa ihn von sich und rannte los.

Der Garten von Walters war von hinten mit dichtem Buschwerk und Bäumen umgeben, Alyssa schlug sich ihren Weg hindurch, bis sie keuchend und das blutverschmierte Messer in der Hand haltend vor die Hecke an der Straße stolperte. Sie kauerte sich hin und spähte durch das dichte Gestrüpp. Sie hatte es geschafft, von der Meute war weit und breit nichts zu sehen. Sicher suchten sie weiterhin in der anderen Richtung.

Robins Handy vibrierte in ihrer Hosentasche. Mit schweißnassen Fingern nahm sie den Anruf entgegen.

»Ja?«, flüsterte sie. Ihre Stimme zitterte dabei ebenso wie ihr ganzer Körper.

»Ich bin es«, gab Robin ebenso leise zurück. »Ich habe das Benzin. Ist die Luft rein?«

»Ja, du kannst kommen. Ich bin bei Walters im Garten.«

»Gut, dann komme ich dahin.«

»Komm hintenrum rein!«

»Alles klar. Bis dann!«

Sie sah Robin erst, als er schon fast bei ihr war. Ihr Freund huschte geduckt durch den Garten, in der rechten Hand einen 5-Liter-Kanister. Bei ihr angekommen, ließ er sich wortlos neben sie auf den Boden sinken.

»Alles in Ordnung?«

Als er endlich den Kopf hob, sah sie, dass er geweint hatte. Blutige Schrammen zogen sich über sein Gesicht und dunkle Flecken prangten auf seinem Hals. Die Male hatten die Form von Fingern.

»Ich musste ihn umbringen«, schluchzte Robin. »Der alte Jerome ... Er ist einfach auf mich losgegangen, wollte nicht aufhören.«

»Schhh.« Sie zog ihn in ihre Arme. Er drückte sie kurz, dann richtete er sich auf. Ihre Blicke trafen sich und sie nickten einander zu, wissend, verstehend und entschlossen. Irgendwann, eines Tages in ferner Zukunft, würden sie über das reden, was sie hatten tun müssen. Doch jetzt noch nicht, jetzt war die Zeit des Handelns gekommen: Der Wind hatte schon wieder gedreht und trug die Pollen durchs ganze Dorf.

»Hast du ein Feuerzeug?«

Er nickte.

»Dann los!«

Im Schutz der Hecke schlichen sie zum Gartentor, schlüpften hindurch und überquerten die Straße. Alles war ruhig. Niemand hinderte sie daran, Istvans Garten zu betreten. Am Blumenbeet angekommen, kam sie nicht umhin, die Pracht der Pflanzen zu bewundern. Schwer wogen die leuchtenden Blütenkelche im Wind. Fast meinte Alyssa, sie flüstern zu hören ... Wie konnte etwas so Wunderschönes nur so tödlich sein.

Robin öffnete den Kanister und begann, seinen scharf riechenden Inhalt rund um das Blumenbeet zu verteilen. Als er das Beet rundum mit Benzin getränkt hatte, verteilte er die restliche Flüssigkeit mit Schwung auf die Blumen in der Mitte. Danach warf er den Kanister achtlos zur Seite und holte sein Feuerzeug hervor.

»Weißt du«, sagte Robin wie geistesabwesend, »ich habe dir ja mein Springmesser gegeben. Jetzt habe ich nur noch mein altes Butterfly, das ist leider rostig geworden. Von wegen Edelstahl.«

Eine stumme Träne rollte über ihre Wange, als sie ihre Hand langsam senkte und in die Hosentasche griff.

»Na ja, ich habe mich gefragt, ob es dir etwas ausmacht, wenn ich es dir trotzdem in den Kopf steche ... Meinst du, du hast dann den Rostgeschmack auf der Zunge? Aber Blut soll ja eh leicht nach Rost schmecken, das habe ich mal irgendwo gelesen.«

Ihre Hand zuckte vor und hinterließ einen roten Grinsemund auf seiner Kehle, der aufriss und Blut erbrach. Gurgelnd und verzweifelt nach Luft schnappend, das Blut in alle Richtungen spritzend, brach Robin zusammen. Seine Augen fixierten sie weit aufgerissen.

»Es tut mir leid«, presste sie hervor, als sie seine zuckenden Hände nahm und ein letztes Mal drückte. »Ich werde ihnen sagen, dass du als Held gestorben bist.«

Sie wischte sich eine neue Träne von der Wange und hob Robins Feuerzeug auf. Jetzt war es an ihr, sie alle zu retten. Nachdenklich betrachtete sie die Gegenstände in ihren Händen. Sie könnte mit dem Feuerzeug die Blumen anzünden. Oder sie könnte doch eigentlich viel lieber noch irgendwem dieses wunderschöne Messer in den Hals rammen?

3 Tage später

»Neusten Meldungen aus der Sperrzone zufolge handelte es sich bei den ersten Betroffenen aller Wahrscheinlichkeit nach um ein sechzehnjähriges Mädchen und einen zwanzigjährigen Mann, die sich etwa zur gleichen Zeit vergiftet haben müssen. Auslöser der paranoiden Wahnvorstellungen und des aggressiven Verhaltens war die bis dahin unbekannte Wechselwirkung ihres Antiallergikums mit den Pollen der illegal importierten südafrikanischen Rotprachtpflanze. Erste Untersuchungen ergaben, dass die

Pollen die anticholinerge Wirkung der Antihistaminika um ein Vielfaches potenzieren, sodass diese eigentlich schwachen Mittel eine starke halluzinogene Toxizität auf das Gehirn entfalten, wie etwa die Gifte der Nachtschattengewächse.

Der verheerende Amoklauf der Sechzehnjährigen und einiger weiterer Personen sind als die Krise des Roten Aprils bekannt, aber hätte jemand einfach dieser Göre die Eingeweide ausgerissen oder anständig mit dem Skalpell ...

Delphys Mobil-Reisen

Monika Loerchner

»Endlich Urlaub!«

Kennen Sie das? Da ist man extra angereist, um seine freie Zeit erholsam zu verbringen, das angenehme Klima zu genießen und dann das: Regen, Unwetter, Sturm, sogar Schnee. Den Elementen schutzlos ausgeliefert sitzen Sie Ihre Zeit ab und kommen genervt und womöglich noch krank zurück nach Hause.

Sie haben Glück und konnten in der milden Jahreszeit reisen?

Doch auch da drohen Ihnen je nach Region unvorhergesehene Platzregen, Sandstürme oder Verbrennungen, verursacht durch übermäßige Sonneneinstrahlung.

Gäbe es doch eine Möglichkeit, fremde Kulturen unabhängig von allen Einflüssen lästigen Wetters zu besuchen! Menschen zu beobachten, ohne ständig den Unbilden und Launen der Natur ausgesetzt zu sein.

Klingt das nicht fantastisch?

Dann haben wir genau das Richtige für Sie: Verbringen Sie Ihren nächsten Urlaub mit Delphys Mobil-Reisen!

Ob Tage, Wochen oder sogar Monate: Bei uns genießen Sie allen Komfort! Geschützt durch Ihre ganz eigene Ferienbehausung können Sie dennoch hautnah an exotische, primitive Kulturen herankommen.

Lästiges Verharren an ein und demselben Ort, und das Tag für Tag und Woche für Woche? — Das ist nun vorbei!

Lernen Sie aufregende neue Orte kennen. Nie war es einfacher, sich unauffällig an eine unbekannte Kultur heranzutasten, ja, sogar an ihren Riten und Zeremonien teilzunehmen!

Ihre Unterkunft ist geräumig und komfortabel und jederzeit angenehm temperiert. Ihr mobiles Urlaubszuhause bewegt sich ganz von allein; Sie selbst können einfach die Seele baumeln lassen.

Und keine Sorge: Selbstverständlich verfügt Ihre Behausung auch über einen autonomen Anschluss an das Versorgungsnetz. Sie werden mehrmals täglich mit frischen Speisen der regionalen Küche versorgt. Stürze oder leichte Knüffe werden ohne Weiteres von dem ausgeklügelten Sicherheitssystem abgefangen, welches Sie zudem vor sämtlichen Krankheiten schützt.

Die Gegenden, die Sie mit Delphys Mobil-Reisen besuchen können, erfüllen höchste Standards an Ruhe, bunter Kultur und Vielfalt. Mögliche Gefahren wurden schon vor langer Zeit eliminiert, sodass Sie Ihren Urlaub mit (fast[1]) allen Sinnen genießen können.

Vergessen Sie Bäume!

Bäume sind so was von out!

Bäume knicken und brechen im Sturm und fangen besonders leicht Feuer. Ständig fahren Blitze in sie hinein, oder die Wolken überziehen sie mit eiskaltem Schnee.

---

[1]Aufgrund der Beschaffenheit der Behausung kann es zu einer eingeschränkten Aussicht kommen, welche Sie jedoch durch den Erwerb eines einfachen Sichteingriffes ausweiten können.

Das muss nicht mehr sein:

VERBRINGEN SIE IHREN NÄCHSTEN URLAUB EINFACH IM UTERUS EINER GLEICHWARMEN TERRESTRISCHEN MENSCHENFRAU!

Verbringen Sie Ihren nächsten Urlaub im Uterus einer europäischen Menschenfrau! Menschen der ausgewählten und zertifizierten Delphys Mobil-Reisen-Regionen zeichnen sich unter allen anderen Säugetieren der Terra als sehr sicher aus, sie sind widerstandsfähig[1] und fangen nur selten Feuer[2].

Wählen Sie aus unserem umfangreichen Angebot Ihre ganz persönliche Unterkunft aus! Wir bieten Ihnen – je nach Wunsch – Säugetiere mit erhöhten Aktivitätsvorlieben oder ausgeprägteren Ruhephasen.

Entscheiden Sie selbst, wie lange Sie bleiben möchten!

Sind Sie noch unsicher? Dann buchen Sie unser Testpaket: Während der ersten zwölf Wochen können Sie gehen, wann immer Sie wollen![3]

---

[1]Dies gilt nur in Verbindung mit dem gewohnten Umfeld des einzelnen Individuums. Bei Umzug, Auswanderung oder Teilnahme an einem Treffen mit anverwandten Individuen Ihres Unterkunftssäugers erlischt Ihr Anspruch auf Ruhe und Frieden.

[2]Beachten Sie hierbei die Sonderhinweise beim Paket ›*Indischer* Subkontinent‹.

[3]Aufgrund säugetiertypischer Besonderheiten kann es jederzeit zu einer Eliminierung der Behausung kommen; das Risiko ist bei Menschen jedoch deutlich geringer als vergleichsweise bei Kühen,

Oder Sie verlängern auf zwei, zehn, zwanzig, dreißig oder sogar vierzig Wochen![4]

Buchen Sie noch heute Ihren Urlaub auf Terra und genießen Sie eine Behausung, die Sie vor allen Unbilden des terrestrischen Lebens schützt[5] und Sie vollautomatisch mit allen Nährstoffen versorgt und alle Sicherheitsvorkehrungen erfüllt.

Buchen Sie nie wieder Baum,
ein Menschenbauch, das ist der Traum.
Ob Regen oder heiße Sonne,
hier drin ist Urlaub eine Wonne,
und schneit es draußen noch so hart —
hier hat's 37 Grad[6]!«

Delphys Mobil-Reisen. Mittendrin.

Bibern, Schweinen oder Eichhörnchen.
Wir bitten Sie im Falle einer solchen Unterkunftserlöschung um sofortigen Abbruch Ihres Urlaubs; Sie werden dann umgehend einer neuen Behausung zugeführt.

[4]Siehe oben. Ein Anspruch auf eine festgelegte Urlaubsdauer innerhalb eines Säugers kann NICHT gewährleistet werden.

[5]Hiervon ausdrücklich AUSGENOMMEN sind die Pfoten anderer Säugetiere, die von Zeit zu Zeit und von gurrenden Lauten begleitet an die Behausungshülle drücken können.

[6]Außer bei temperaturerhöhenden Säugetierkrankheiten, Erfrierungen, allgemeinem Tod und/oder Feuerfang.

Ein perverser Anschlag

Leveret Pale

Der Himmel war blassblau. Auf dem Supermarktparkplatz saß eine Gruppe Angestellter in dunkelblauen Poloshirts mit gelben Schriftzügen und rauchte. Es war 14:47. Die von mir als perfekt ermittelte Zeit für die Umsetzung des Plans. Ich sah mich um. Niemand da. Mein Magen verkrampfte sich; das Blut pochte in meinem Schädel; ein kaltes Kribbeln durchfuhr mich. Das Zeitfenster war kurz. Gerade sollten kaum Kunden da sein und der Schichtwechsel würde für einige Minuten auch die Angestellten aus den Verkaufsräumen locken. Es würde dennoch eine heikle Mission werden.

Ich atmete einmal tief durch, gab mir einen Ruck und lief in das Geschäft.

Die Kassen waren unbesetzt. Niemand in Sichtweite. Aus dem Lautsprecher dudelte Popmusik. Zielstrebig ging ich auf die Obst- und Gemüseauslage direkt rechts vom Eingang zu, sah mich noch einmal um und griff mit jeder Hand jeweils zwei Mangos. Ich streckte die Zunge heraus und konnte mir das Grinsen nicht verkneifen. Ich schleckte jede einzelne Mango einzeln ab, warf sie zurück auf die Ablage und schnappte mir die restlichen, bis ich jede einzelne Frucht vollgesabbert hatte. Orangegrün und mit glänzendem Schleim überzogen lagen die Prachtstücke vor mir. Ich schlug freudig die Hände zusammen. Meine Schultern zuckten hoch und ich schüttelte mich vor Erregung, bevor ich zwischen die Regale weiter hetzte. Ein alter Mann stand vor dem Spirituosenregal und lud mit zitternden Händen eine Flasche Wodka nach der nächsten in seinen Trolley.

Als ich vorbei sprintete, blickte er mit seinem geröteten Gesicht auf. Ich verlangsamte meinen Gang und kicherte in mich hinein. Alles war wunderbar. Ich griff mir eine Schachtel Müsli und lief damit durch den Verkaufsraum, bis ich auf die einzige Angestellte traf, die gerade umherpatrouillierte, und mein Vorhaben gefährden könnte. Sie schlenderte mit herabhängenden Schultern, schlurfte mit den Füßen und ließ ihren Blick über die Auslagen schweifen.

»Entschuldigen Sie. Die Kassen sind nicht besetzt. Und ich habe es sehr eilig«, sagte ich und winkte mit dem Müslikarton. Die Frau sah mit einer Mischung aus Resignation und Freude zu mir auf, soweit ich erkennen konnte, allerdings verschwanden ihre Augen in konzentrischen schwarzen Kreisen irgendwo in der Tiefe ihres Gesichts. Sie nickte und zwang sich zu einem Lächeln. »Aber natürlich. Dafür bin ich ja da.«

Sie ging zur Kasse, und ich folgte ihr mit höflichem Abstand. Sie setzte sich hinter das Fließband, seufzte und schloss die Kasse auf. Ich legte das Müsli aufs Band und klatschte mir dann gegen die Stirn. Die Verkäuferin sah mich apathisch an.

»Verdammt. Ich habe etwas vergessen. Tut mir sehr leid. Ich hole es schnell«, sagte ich und versuchte, möglichst verschmitzt zu lächeln.

»Laufen Sie schon. Ist ja zum Glück eh gerade niemand da. Ich scanne schon mal das Müsli ab.«

»Vielen Dank. Tut mir leid«, rief ich und hechtete hinter ein Regal auf dem Weg zur Körperpflegeproduktabteilung. Dort schnappte ich mir eine Flasche Rasierschaum und eine Packung Einwegrasierer und lief zur Obst- und

Gemüseauslage, wo noch immer die Mangos feucht vor sich hin glänzten und mir ein freudiges Kribbeln bescherten. Ich schüttelte den Rasierschaum und deckte die Kokosnüsse in der Auslage großzügig damit ein. Dann riss ich die Packung mit den Einwegrasierern mit den Zähnen auf. Ich rasierte eine Kokosnuss nach der anderen, sah, wie sich ihre Härchen durch den Schaum lösten und die glatte braune Oberfläche zurückblieb. Mit jedem Streich, der die Scham der Nüsse bloßlegte, wuchs meine Erregung und ich spürte die feuchte Härte zwischen den Beinen.

»Oh ja. Ihr süßen Nüsschen, wie gefällt es euch, so nackt und schutzlos zu sein, während die Mangos euch von gegenüber schon ganz feucht anhimmeln? Na, wie gefällt euch das, ihr verdorbenen Kokosnüsse? Na? Na?«, rief ich immer lauter und fuhr mir mit der Zunge über die Zähne.

»Entschuldigen Sie, was machen Sie da?«, hörte ich eine tiefe männliche Stimme hinter mir.

»Oh, fuck.«

Ich wirbelte herum und hob die Hände.

»Wer sind Sie?«, fragte mich der Angestellte.

»Luca Pillimano«, sagte ich und zog meinen Ausweis hervor. »Ich bin hier, um die Sicherheit Ihres Supermarkts zu prüfen. Sie haben es wirklich fantastisch sicher hier.«

»Also davon habe ich nichts gehört.« Er runzelte die Stirn.

»Fragen Sie einfach Ihren Chef, der weiß Genaueres. Ich darf da keine Aussagen machen. Ich muss jetzt aber auch leider los. War nett, Sie kennenzulernen. Bye.«

Ich hastete nach draußen, das Gesicht zu einer weit grinsenden Fratze verzogen.

Der neue Chef

Monika Loerchner

»Dass ich achtunddreißig Jahre für die Firma geschuftet habe«, Hermann reckt seinen Bierkrug zornig dem niedrigen Deckenbalken entgegen, »geschenkt!«

Die anderen Gäste der *Bärenstube* bekunden ihre Zustimmung – je nach *Façon* und Alkoholpegel mit unartikuliertem Gegröle, noch unverständlicherem Gemurmel oder einem Nicken, dem aller Ernst und Weisheit eines Urhäuser Doppelkorns zugrunde liegt.

Dann heben sie die Bierkrüge und bekunden den allgemeinen Zorn auf die Obrigkeit mit einem kräftigen Schluck.

»Dass ich mir den Buckel krumm geschuftet habe – geschenkt!«

»Jawohl!«

»Dass ich von morgens bis abends da malocht hab – geschenkt!«

»Jawohl!«

Nach dieser langen Rede lässt sich Hermann wieder auf seinen Stuhl sinken, nimmt einen Schluck Bier zur Stärkung und schüttelt traurig den Kopf. »Ist wie mit dem Bier, weißte?«

Nee, wussten sie nicht.

»Lässt man's zu lange stehen, verschalt's. Und dann schüttet's man weg und lässt sich ein frisches zapfen, weißte?«

Wieder Kopfschütteln: In der *Bärenstube* ist eine solche Verschwendung fremd.

»Alt und schal geworden«, schlussfolgert Hermann. »Da holt man sich halt wen Frischeres. Und ich werde weggeschüttet, einfach so!«

Bevor Hermanns Gestik allzu sehr ausufert, greift Maike mit einer Reaktionsschnelle ein, die auf den SoftSkill-Anforderungen einer Dorfkneipenbedienung ganz weit oben steht.

»Na, na, na, das Bier lassen wir mal schön im Krug, gelle? Wo es dir der Willy doch so schön gezapft hat!«

Was der lauteste Mann im ganzen Dorf nicht geschafft hätte, schafft Maike mit ihrem leisen Lächeln. Hermann lässt Schultern und Bierkrug sinken. »Hast ja recht, Maike.«

Als wäre er der Feind persönlich, finstert Hermann seinen Gerstensaft erst an und führt ihn dann mit zielstrebiger Bewegung seiner natürlichen Bestimmung zu. Seine Brüder folgen grimmig seinem Beispiel: Niemand hat gesagt, dass Trinken Spaß machen soll!

»Was ist denn überhaupt passiert?«, fragt die einzig weibliche Stimme im Raum.

Wenn eine Dame eine Frage stellt, gehört sie beantwortet, das wusste schon der fünfjährige Hermann, der in kurzen Hosen und Kniestrümpfen die Gegend, aber nie die Mädchen unsicher gemacht hat.

»Der Japaner wars!«, erklärt er daher der Maike. »Weil der doch die Firma vom alten Hansi gekauft hat.«

»Sollte die nicht an seinen Sohn gehen?«, wundert sich Maike.

Hermann winkt ab. »Ist sich ja zu fein, der Herr Sohn. Hat erst auf Kosten vom Alten BWL studiert und jetzt hält er sich für wer-weiß-wen und will lieber in der Stadt bleiben, in der Zi-vi-li-sa-tion. Aber ich sag dir was,

Maike: Ich kannte den Lutz schon, da war er noch ein kleiner Hosenscheißer, den ich übers Knie legen musste!«

Beifälliges Gemurmel mischt sich in die Bierschwaden: Den Meiers Lutz hat schon jeder hier übers Knie legen müssen, kein Wunder, dass aus dem nichts Anständiges geworden ist.

»Is' auch vielleicht besser so, der hätt die Firma doch nur anne Wand gefahr'n!«, lautet denn so auch der allgemeine Beschluss.

»Und was ist jetzt mit diesem Japaner?«, bohrt Maike weiter.

»Der hat die Firma gekauft. Und vorher dem Hansi versprochen, dass keiner vonner Belegschaft gehen muss. Sonst hätt der Hansi ja nie nicht verkauft. Der Hansi, das is' nämlich ein ganz anständiger Kerl.«

»Und dann dürfen die dich trotzdem rausschmeißen?«

»Natürlich nicht«, sagt Hermann verdrießlich. »Achtunddreißig Jahre: Was meinste, Mädel, was dat für 'ne Abfindung geben würde? Will der sich natürlich sparen, der Japaner. Nee, die stellen das schon geschickter an.«

»Und wie?« Das war jetzt der Fischers Rudolf.

»Haben mir die Kündigung *nahegelegt*, wie es so schön heißt. Aber nicht schriftlich, klar. Damit ich nichts hab, womit ich zum Anwalt rennen kann, verstehste?«

Nicken: Das verstehen alle.

»Nee, das macht der Japaner ganz anders. Durch die Blume quasi. Die haben ja eine Feier gemacht von wegen Firmenübergabe und sich vorstellen und so, da war ich ja hingegangen mit meiner Hilde. Und da hammse mich dann auch nach vorne gerufen als Dienstältesten.«

»Und dann?«, fragt Maike mit großen Augen.

»Dann hat mir erst der Hansi gratuliert und die Hand geschüttelt. Das gibts ja bei den Japanern nicht. Die machen ja so:« Hermann legt die Handflächen aneinander und senkt den Kopf. »*Konnichi wa!* Das hab ich mir extra vorher von unserer Jessica nachgucken lassen im Internet. Und dann grinst mich der Japaner, also der neue Chef, so an und gibt mir eine kleine Schachtel.«

Enzians Peter wischt sich Bierschaum von der Oberlippe. »Und was war drin?«

»Die hab ich nicht aufgemacht, die olle Schachtel«, tönt Hermann, »ich bin doch nicht blöd! Hab ich in den Pissbach geschmissen hab ich die! Stottert da in gebrochenem Deutsch und Englisch was rum, der Japaner, von wegen, ich sei der erfahrenste Mitarbeiter und dass es ihm eine *anar*, eine Ehre is'. Hat aber dabei die ganze Zeit so komisch gegrinst, weißte? Und ich dacht mir noch so, das sagt doch heute kein deutscher Arbeitgeber mehr zu einem, da gehörste doch schon ab fünfzig zum alten Eisen. Und der Japaner schwafelt immer weiter von wegen *uns noch lange erhalten bleiben* und *an richtment*, da hab ich den Braten schon gerochen. Weil die Japaner ja nie was direkt sagen dürfen. Das ist bei denen nämlich unhöflich.«

»Ich kannte mal eine Japanerin, die konnte nicht *nein* sagen«, gibt der Kessler Hannes zum Besten. »Gilt bei denen auch als unhöflich.«

Geübt in den Verhaltensregeln unter Stammtischbrüdern liefert Beckers Fridel das passende Stichwort: »Und dann?«

»Dann hat sie später ganz oft Ja gesagt!«

Fünfundzwanzigmal dreckiges Grinsen, einmal Augenrollen.

»Aber warum bist du denn jetzt arbeitslos?«

»ARBEITSSUCHEND«, ertönt es im Chor, aber Maike winkt ab.

»Sag schon!«

»Der hat mir dann zur Kündigung geraten. Und ich dachte mir, bevorde dich jetzt mit 'nem Japaner anlegst und die Hilde hinterher alleine dasteht, da nehm ich lieber das nackte Leben und kündige.«

»Versteh ich nicht.«

»Na schau, weißte, was der Japaner noch zu mir gesagt hat, wo er mir die Schachtel gegeben hat?«

Nun richten sich selbst die alkoholgetrübtesten Augen auf Hermann, selbst die knorrigsten Hände umfassen ihren Bierglashenkel eine Spur fester. »Was denn, was hat er gesagt?«

»Er hat gesagt: Bitte, please, Mister Webel San, is drin Gift fül Sie! Nehmen Sie, nehmen Sie!«

Allgemeines Kopfschütteln. Japaner sind schon ein grausames Volk.

Heyyy

Leveret Pale

Die Nachricht, die den Lauf der Menschheitsgeschichte für immer verändern sollte, erreichte die UN-Generalsekretärin Milena Piłsudski als Push-Benachrichtigung auf ihrem Smartphone.

Das *Heyyyyyyyyyyyyyyy* kam von einer unbekannten Nummer und sie wischte sie prompt mit einem Schwenk des Daumens weg. Es war 15:27 in New York, genau zwischen dem 15:26 beendeten Meeting mit dem Präsidenten von Ghana und dem 15:30-Meeting mit der Präsidentin von Singapur.

Die Assistenten in den grauen Anzügen tauschten bereits hastig die Flaggen an den Wänden und die Wasserkaraffen und Gläser auf den Tischen aus. Milena hatte gerade genug Zeit, ihrem Mann zu schreiben, dass es heute voraussichtlich wieder später werden würde mit dem Abendessen, und um die müden Augen zu schließen. Kurze, erholsame Dunkelheit. Das Rauschen der Klimaanlagen, das Klicken und Piepen von Kameras und das niemals endende, hektische Stimmengewirr rückten in den Hintergrund.

Bis das Smartphone in ihrer Hand erneut vibrierte. Ein zweites, noch längeres ›Heyyyyyyyyyyyyyyyyyyyyyyyyyyyyyyyyyyyyyyyyy‹ schob sich über den oberen Bildschirmrand. Irritiert starrte sie auf die Nachricht. Nun erst bemerkte sie die Nummer und das Profilbild: *+00 000 000 000* und ein fröhlich zwinkerndes Anime-Girl mit pinken Haaren. Was sollte das bedeuten? Niemand außer hochrangigen Politikern hatte ihren Kontakt … und …?

Gleich würde sie wichtige Hände schütteln, freundlich in blitzende Kameras lächeln, die Lage des Atlantiks – nein, des Pazifiks – besprechen müssen. Ihr Messenger quillte über mit hunderten ungelesenen Nachrichten, aber keine davon gab ihr so ein beklemmend unheimliches Gefühl wie diese scheinbar harmlose Begrüßung.

Sie blickte auf. In der Menschentraube vor dem Konferenzraum erkannte sie bereits das schwarze, glänzende Haar und das strenge Gesicht der Präsidentin von Singapur, die flankiert von ihren bulligen Leibwächtern auf sie zu stolzierte. Sie lächelten sich an. Melina ließ das Smartphone in der Innentasche ihres Blazers verschwinden – für skurrile Nachrichten wäre später noch genug Zeit, dachte sie.

»Hallo Melina, eine Freude, dich wiederzusehen«, sagte die Präsidentin.

»Ganz meinerseits, Puay!« Sie grinsten vor den Flaggen posierend und händeschüttelnd in die Kameras. Blitze. Schwarze Flecken tanzten durchs Sichtfeld. Sie nahmen am Konferenztisch Platz und begannen die Gespräche.

Gerade diskutierten sie fokussiert die vom internationalen Seerecht gesetzten Grenzen für die Aufschüttung einer weiteren künstlichen Insel vor Singapur, als sich plötzlich die Gesichter um sie herum zu den Fenstern wandten. Melina folgte den Blicken beiläufig und zuckte zusammen.

Zwischen den Wolken am Himmel funkelte in einer verspielten regenbogenfarbenen Schrift leuchtend ein kilometerlanges *Heyyyyyyyyyyyyyyyyyyyy?*.

Für einen Augenblick war es still im Raum – abgesehen von dem niemals endenden Klicken der Fotographen und Kugelschreibern der Protokollanten.

Melina Piłsudski schluckte und fragte laut: »Sehen Sie das auch?« — und zu sich selbst: *oder bin ich nun endgültig vor Überarbeitung wahnsinnig geworden?*

»Das ... das Hey?«, antwortete Puay, langsam nickend. »Ja. Wie schön das nur aussieht. Die Marketingleute werden heutzutage auch immer gewiefter, aber wofür das wohl nur — Alles in Ordnung, Melina?«

Die Generalsekretärin war blass wie ein Leichentuch. Mit zitternden Händen nahm sie ihr Glas und trank einen Schluck Wasser. »Alles gut, lass uns weitermachen. Ich dachte nur kurz an meinen Terminkalender und da wurde mir ganz schwindelig.«

»Wie uns allen, die unsere Seelen dem Dienst der Menschen verschrieben und an die endlose Politik verkauft haben«, sagte Puay schmunzelnd. Dann kehrten sie zurück zu den Paragrafen rund um Baugenehmigungen, Fischereirechte und Handelszonen.

Melina warf immer wieder verstohlen einen Blick zum Himmel, wo das *Hey* verblasste und allmählich verschwand. Als das Gespräch mit erneutem Lächeln, Posen und Händeschütteln endete, fühlte sie sich fiebrig. Ein kalter Schweißausbruch lief ihren Nacken hinab. Ohne daran zu denken, dass sie bereits in sieben Minuten ein Meeting mit einem berühmten Hollywoodschauspieler hatte, der mit seiner Stiftung Schulen in Mali bauen wollte, rannte sie aus dem Konferenzraum. Begleitet von ihren omnipräsenten Leibwächtern erkämpfte sie sich einen Weg durch die Menschenmassen in den Gängen zu den Toiletten.

Sie knallte die Tür der Kabine hinter sich zu, verriegelte sie von innen und setzte sich auf den Deckel des weißen Porzellanthrons. Sie öffnete die Messenger App und starrte den Chat mit der 0er Nummer an. Sie wollte glauben, es wäre einfach nur eine ausgeflippte Marketingaktion – aber es schien ihr zu verrückt.

Weil sie nicht wusste, was sie sonst denken oder tun sollte, schrieb sie: »Waren Sie das gerade mit dem Schriftzug am Himmel?«

Prompt kam die Antwort: »Ja. Sorry, dass wir so aufdringlich in Ihre DMs sliden, aber die Zeit ist knapp. Wie Sie sicherlich an der Verwendung der y lesen können. *Augenzwinkerndes Smilie.*«

»Was meinen Sie damit?«

»Ist es nicht Brauch unter Menschen, mit der Anzahl der y nach dem He anzugeben, wie sehr man an dem Kommunikationspartner interessiert ist? *Stirnrunzelndes Smilie* Zumindest ergaben das die Analysen Ihrer globalen Kommunikationssphäre des Internets. *Lächelndes Smilie mit Brille.* Wir sind nämlich sehr interessiert!!!! *Lächelndes Smilie.*«

Melina hob die Augenbrauen, kniff die Augen kurz zusammen und atmete tief durch. Dann las sie die Nachricht nochmal. Und noch einmal kopfschüttelnd. »Wer seid ihr?«

»Wir sind Oizyaner von Oizys *Funkelsternchen.*«

»Seid ihr ein Unternehmen? Warum wollt ihr mich kennenlernen?«, tippte Melina perplex, wobei sich eine dunkle Ahnung, begleitet von einem mulmigen Gefühl, von ihrer Magengrube ausbreitete.

»Nein. Wir sind kein Unternehmen. Aber eine Unternehmung. *Lachendes Smilie Zwinkersmilie.* Wir wollen dich, CEO der Menschheit, kennenlernen, weil wir dringend parken müssen, sonst sinkt unser Schiff *trauriges Smilie weinendes Smilie.* Wir bitten die Menschheit um einen Parkplatz für unser kaputtes Schiff. Wir bitten die Menschheit um Asyl auf eurem Planeten. *Zusammengefaltete Hände.*«

Melina starrte die Nachricht an. Die kleine Kabine um sie herum schien zu kollabieren, als würde der Boden unter ihr zusammenfallen. Alles drehte sich in ihrem Kopf. Sie konnte nicht glauben, was sie gerade las, aber dann schrieb sie: »Wenn ihr mich belügt, wird das rechtliche Konsequenzen haben«, dann sich mehrmals vertippend: »Seid ihr Außerirdische?«

Diesmal kam die Antwort nicht so prompt. Eine gefühlte Ewigkeit starrte sie den Bildschirm an. Von draußen hörte sie ihre Leibwächter bereits klopfen, zu den Terminen rufen und sich selbst irgendetwas zurückrufen. Dann kam die Nachricht.

»Wir kommen in Frieden. Wir wollen nur Asyl. Wir wollen nur Hilfe. Bitte tötet uns nicht. Ja, wir sind Außerirdische von Oizys und wir freuen uns, die Menschheit kennenzulernen. *Lächelnder Smilie.*«

Melina atmete tief durch. »Könnt ihr das beweisen?«

Ein Foto folgte. Es zeigte einen grauen Schleimhaufen, aus dem acht dunkle Murmeln – wohl so etwas wie Augen – herausragten, und drunter lag ein gehobener dunkler Spalt voller schiefer Fangzähne. Der Hintergrund leuchtete rot und mehrere weitere Schleimhaufen mit Tentakeln schmiegten sich an den Schleimhaufen im Vordergrund. Erst nach einer Weile begriff sie, was sie da sah. Es war ein Selfie, auf dem die Aliens offensichtlich versuchten, ein freundliches Lächeln zu imitieren – und grandios scheiterten mit ihrem Aussehen wie aus einem lovecraftschen Horrorfilm.

Melinas Hände sanken, das Smartphone umklammernd, schwach in ihren Schoß. Einen Moment lang blieb sie mit offenem Mund benommen sitzen. Dann sprang sie auf, rannte aus der Kabine und zum Waschbecken. Unter den Blicken ihrer verdutzten Leibwächter spritzte sie sich kaltes Wasser ins Gesicht und atmete tief ein und aus. Im Spiegel oszillierten ihre Pupillen krankhaft. Das Gewicht der Welt zog an ihren Schultern.

»Frau Generalsekretärin, Herr Brod Put wartet ...«, sagte einer der Männer in dunklen Anzügen, aber sie fuhr ihn nur an:

»Nicht jetzt! Sagt ihm, dass ich das Meeting verschieben muss.«

Der Mann nickte routiniert und gab den Befehl weiter.

Melina blickte wieder auf ihr Smartphone. »Werden Sie uns helfen, Melina? *Smilie mit tränengefüllten Augen.*«

»Ich werde tun, was ich kann. Wo ist euer Schiff?«

»Wir haben soeben den 50.000 Kilometer Orbit um die Erde erreicht. Unser Schiff ist jedoch schwer beschädigt durch Asteroidentreffer. Wir können es nicht mehr steuern. *Weinendes Smilie.* Wir müssen abgeschleppt werden. Wir brauchen so schnell wie möglich Hilfe!«

»Könnt ihr es nicht reparieren und weiterfliegen?«, fragte sie und dachte: *Die Menschheit ist alles andere als bereit dafür, Aliens zu begegnen, und ich erst recht nicht. Eigentlich muss ich zum nächsten Meeting, und Abendessen und ... so viel anderes.* Ihre eigenen Gedanken erschienen ihr absurd.

»Wir sind vor über umgerechnet 25.000 Jahren aus unserer Heimat aufgebrochen. *Sternchen mit Kometenschweif.* Niemand auf unserem Schiff war zu dieser Zeit bereits am Leben. Niemand auf unserem Schiff weiß, wie man es reparieren könnte. Wir können nicht zu unserer Heimat zurückkehren. Sie existiert nicht mehr. Daher bitten wir die Menschheit um Hilfe und Asyl. Wir versprechen, uns erkenntlich zu zeigen!«

Zum ersten Mal war sich Melina sicher, was sie schreiben sollte: »Die Menschheit wird das besprechen. Bitte geben Sie uns ein paar Stunden, um uns zu entscheiden«, schrieb sie zurück – und meinte mit der Menschheit den Sicherheitsrat der Vereinten Nationen.

»Danke *Herz.*«

Es dauerte nur rekordverdächtige drei Stunden, bis die Anführer der fünfzehn im Sicherheitsrat vertretenen Staaten aus ihren Sitzungen, Reden, Betten und Urlauben erreicht waren und sich zu der dringenden, geschlossenen Konferenz einwählten.

Drei quälend lange Stunden, in denen Melina versuchte, sich normal zu verhalten und weiter Prominenten, Politikern und Aktivisten die Hände schüttelte, während es unter ihrer Haut kribbelte, als wäre sie mit Ameisen übersät. Sie fühlte sich in einem grotesken Theaterstück gefangen, die ruhige Bürokratin spielend, während die Welt aus den Fugen geriet. Sie konnte nicht anders, als zum Fenster zu sehen, nach weiteren Nachrichten Ausschau zu halten, ihr Smartphone zu zücken und immer wieder die Nachrichten der Oizyaner zu lesen. Sie konnte kaum den wichtigen Gesprächen folgen und nickte nur – mal zu Menschenrechten, mal zur Legitimität der Todesstrafe, mal zum Kohlebergbau, mal zum Klimawandel, wie sie später in den Protokollen nachlesen sollte. Zwischenzeitlich rief sie alle wichtigen und unwichtigen Persönlichkeiten zusammen – und erhielt weitere Nachrichten der Oizyaner, die sie dazu drängten, sich zu beeilen, da das Schiff immer mehr an Funktion verlor.

Das Abendessen mit der Familie verpasste sie damit endgültig, stellte sie fest, während sie den Saal des Sicherheitsrats mit ihrer Delegation im Schlepptau betrat. Aber ihrem Mann die Lage erklären? Lieber nicht. Sie verstand selbst den wirren Traum nicht, durch den sie gerade stolperte.

Am runden Tisch saß nur die amerikanische Präsidentin mit ihrem Botoxlächeln. Die restlichen Vertreter der Staaten starrten müde als übergroße Gesichter auf Bildschirmen auf den Tisch herab.

Melina trat ans Podest und gab ein kurzes Briefing, erläuterte den Kontakt, zeigte das Alien-Selfie – auf das einiges an Gemurmel, Gewitzel und Stirnrunzeln folgte – und stellte die Frage: »Was tun wir?«

Beklemmende Stille. Der britische Premierminister schnäuzte sich die Nase. Der deutsche Kanzler sah sich bedächtig von links nach rechts um.

Die amerikanische Präsidentin erhob als erste das Wort: »Haben wir ... ähm, ich meine die UNO ... nicht irgendeine Spezialeinheit dafür eingerichtet, die sich mit so etwas beschäftigen sollte? XCOM oder so?«

»Das war ein amerikanisches Videospiel, wenn ich mich nicht täusche«, sagte der russische Präsident.

»Oh«, die US-Präsidentin fuhr filigran mit den Fingern durch ihr platinblondes Haar, »also sind wir nicht vorbereitet?«

»Doch«, sagte Melina. »Wir haben die UNOOSA, das United Nations Office for Outer Space Affairs. Laut allen internationalen Protokollen sollte der Leiter der UNOOSA im Falle eines Kontakts mit Außerirdischen als Botschafter der Menschheit fungieren. Der Herr Astrophysiker Dr. Kagheli aus Zimbabwe ist sogar hier bei mir vor Ort«, sagte Melina und deutete auf einen kleinwüchsigen Mann, der sich an einem Tischende in einem eindeutig viel zu großen Anzug zu verstecken schien. Alle realen und virtuellen Köpfe im Raum richteten sich erwartungsvoll auf ihn. Dieser starrte aber nur auf ein leeres Blatt Papier und fummelte nervös an der dicken Hornbrille auf seiner Nase herum.

»Sie haben sicher einen Plan für eine Situation wie diese ausgearbeitet?«, fragte Melina.

Der Wissenschaftler saugte scharf die Luft zwischen den Zähnen ein und schüttelte zaghaft den Kopf.

»Haben Sie nicht?«

»Ich befürchte, leider nicht.«

»Was haben Sie mit Ihrem Budget gemacht? Sie haben jedes Jahr fünf Millionen Dollar zur Verfügung.«

Der Astrophysiker murmelte etwas vor sich hin.

»Wie bitte?«

»Ich sagte: Wir haben mit unserem Budget Kampagnen gegen den Klimawandel finanziert ... und gegen Umweltverschmutzung. Dann ist da noch unsere Space4All Initiative, um die Frauenquote in der Astronomie zu erhöhen.«

Ein resigniertes Stöhnen ging durch den Raum.

»Warum beschäftigen Sie sich mit Klimawandel und Umweltverschmutzung?«, fragte die französische Präsidentin, wofür sie einen vernichtenden Blick vom deutschen Kanzler erntete.

»Wissen Sie«, rief der Wissenschaftler empört, »wie viele Treibhausgase so eine verdammte Rakete ausstößt? Wie viel Müll vom Himmel regnet bei jedem Start? Wissen Sie eigentlich ...«

»Scheiße«, entwich es dem russischen Präsidenten. »Was machen wir jetzt?«

»Das ist doch offensichtlich«, sagte der deutsche Kanzler. »Als vereinte Menschheit unsere Differenzen beiseitelegen, uns für unser Wohl einigen und das in diesem historischen Moment moralisch Richtige tun.«

»Natürlich. Das funktioniert ja jedes Mal so glänzend«, sagte der britische Premierminister verschnupft. »Warum brauchen diese Außerirdischen überhaupt Asyl? Hat das jemand mal durchdacht? Vielleicht sind das Terroristen, die auf der Flucht sind. Wenn wir ihnen helfen, haben wir möglicherweise ein diplomatisches Problem mit einer uns offensichtlich technologisch überlegenen Zivilisation.«

Die Präsidenten von Argentinien und Tansania nickten bedächtig. Einer murmelte sogar: »Ja, Kontakt mit Arschlöchern mit zu viel Technologie kann wirklich gefährlich werden.«

»Warum fragen wir sie nicht einfach, warum sie von ihrem Planeten weg sind? Es gibt sicher einen guten Grund«, fragte der Präsident von Uruguay.

»Als ob sie uns die Wahrheit sagen würden!«, rief der britische Premier. »Es geht um ihr eigenes Überleben. Sie werden lügen wie gedruckt, um ihre Haut zu retten.«

Die Vertreter der Staaten begannen wild durcheinander zu diskutieren, wie weit man Außerirdischen vertrauen dürfe und noch mehr, wie sehr sie einander vertrauen sollen, die richtige Entscheidung zu treffen.

Melina spürte das Smartphone an ihrer Brust vibrieren.

»Weitere Systeme unseres Schiffes sind ausgefallen. *Weinender Smilie.* Wir brauchen dringend Hilfe. Hat sich die Menschheit geeinigt?«

»Noch nicht. Ich tue alles, was ich kann.« Und nach kurzem Zögern schickte sie ein *umarmendes Smilie Herz.*

Melina räusperte ins Mikrofon. Das Stimmengewirr schwoll weiter an.

»Meine Damen und Herren … Meine Damen und Herren, hören Sie mir bitte zu«, schrie sie. »Die Oizyaner haben mir gerade mitgeteilt, dass ihr Schiff immer mehr Probleme hat. Wir müssen schnell handeln, wenn wir ihre Leben retten wollen. Wir müssen sofort eine Rettungsmission entsenden. Eine Rakete von SpaceX, von der NASA, von Blue Origin, von der ESA, von Roskom. Es ist mir egal. Aber wir müssen sofort reagieren!«

Die blassen Gesichter verstummten

»Frau Generalsekretärin Piłsudski«, sagte der deutsche Kanzler. »Bei aller Ehre Ihnen gegenüber, der Situation und unseren unerwarteten Gästen. Das hier ist ein Wendepunkt der Menschheitsgeschichte. Wir müssen wohlüberlegt und durchdacht und vor allem gemeinsam handeln.«

»Aber wir müssen schnell handeln«, entgegnete Melina verzweifelt, die auf ihrem Bildschirm bereits die nächsten Nachrichten des oizyanischen Anime-Girls aufpoppen sah.

»Wenn wir zu schnell handeln, riskieren wir das Überleben der Menschheit«, sagte der britische Premier kühl. »Wir wissen gar nichts über diese Oizyaner. Nur, dass sie uns technologisch wohl um Jahrtausende überlegen sind. Allein, dass sie mühelos unsere Sprache übersetzen und sich in unsere Kommunikationssysteme einloggen können, ist besorgniserregend. Es könnte eine Falle sein, die Vorhut einer Invasion. Sie könnten fremde Krankheitserreger mit sich bringen, die die Menschheit auslöschen, weil wir keine Heilmittel gegen sie haben.«

»Etwas, was das Pentagon ebenfalls so sieht«, fügte die US-Präsidentin hinzu.

»Und deswegen«, ergänzte der russische Präsident, »hat es genauso wie unsere Streitkräfte das nukleare Arsenal reaktiviert und auf den Himmel gerichtet.«

»Spionieren Sie uns etwa aus?«, rief die US-Präsidentin empört.

»Spätestens seit 1922«, entgegnete der Russe trocken. »Beruft auf reiner Gegenseitigkeit.«

»Das verstößt gegen alle Abkommen. Sie können sich auf Sanktionen gefasst machen, dass ...«

Der russische Präsident winkte ab. »Ihre Sanktionen können Sie gleich mal Ihren Verbündeten weiterreichen. Ich befürchte, es sind im Pazifik vor Sibirien gerade sehr viele französische U-Boote mit startbereiten M51 aufgetaucht. Ganz zu schweigen von gewissen britischen Raketen, die in ihren Silos aktiviert wurden. Erstaunlicherweise registrieren wir sogar Aktivitäten bei den Israelis, die eigentlich noch gar nichts von unseren Besuchern wissen sollten. Haben Sie etwas dazu zu sagen?«

Die amerikanische Präsidentin grummelte. »Sie haben Ihre chinesischen Kommunistenfreunde und Indien vergessen. Deren Nuklearraketen sind ebenfalls startbereit.«

Der chinesische Präsident zuckte mit den Schultern und hob die leeren Handflächen nach oben. »Die Volksrepublik sieht sich in der Lage und der Pflicht, die Menschheit zu verteidigen. Entsprechende Vorkehrrungen haben wir getroffen.«

»Aha«, rief die amerikanische Präsidentin. »Das hätte ich damals gern im Dezember 2019 gehört und gesehen ...«

»Hüten Sie Ihre Zunge, sonst könnten Ihnen noch Wörter entgleiten, die Sie bereuen werden«, antwortete der chinesische Präsident.

»Das ist Wahnsinn«, murmelte Dr. Kagheli. »Nukleare Explosionen im Orbit könnten den Van-Allen-Gürtel dauerhaft destabilisieren. Erinnert sich niemand mehr an Starfish Prime?« Doch keiner reagierte auf seine Worte.

»Jedenfalls«, sagte der britische Premierminister laut. »Frau Generalsekretärin, schreiben Sie bitte das an Ihre Alienfreunde. Wenn sie der Erde zu nahe kommen, werden sie vernichtet. Für unseren Teil wartet das Vereinigte Königreich lieber noch ein paar Jahrhunderte, bis wir unsere Probleme auf der Erde geregelt haben, bevor wir Ausländer reinlassen.«

»Du meinst Außerirdische«, korrigierte ihn die französische Präsidentin.

»Habe ich doch gesagt«, schnaubte der Brite.

»Aber Asyl ist ein Menschenrecht«, erinnerte der deutsche Kanzler, sich bedächtig am Kinn kratzend. »Es wäre skandalös, wenn wir ihnen kein Asyl gewähren. Ganz zu schweigen davon, Atomwaffen auf Flüchtlinge abzufeuern. Das verstößt nicht nur gegen den Atomwaffensperrvertrag, sondern auch ganz sicher gegen die Genfer Flüchtlingskonvention.«

»Menschenrechte sind, soweit ich weiß, nur auf Menschen anwendbar«, wandte der chinesische Präsident ein.

»War natürlich klar, dass das von Ihnen kommt«, entgegnete die US-Präsidentin. »Ihr Verständnis von Menschenrechten ist — sagen wir mal — limitiert.«

Jemand hustete und räusperte *Guantanamo Bay* ins Mikrofon.

Der russische Präsident verbarg sein Lachen hinter vorgehaltener Hand. Die Staatspräsidenten der anderen Länder kicherten dagegen ganz unverhohlen, woraufhin ein wüster Streit über Sanktionen, Raketen, Gesetze und Spionage entbrannte.

Melina seufzte und nahm ihr Smartphone. Keineswegs überrascht sah sie, dass auch ihr Mann fragte, wo sie bliebe ... aber dafür war keine Zeit.

Sie schrieb an die Oizyaner: »Die Menschheit kann sich noch nicht einigen. Ihr dürft aber auf keinen Fall der Erde näherkommen. Manche hier glauben, ihr seid gefährlich. *Trauriger Smilie.* Ich versuche, sie vom Gegenteil zu überzeugen.«

Prompt kam die Nachricht. »Beeilt euch. Bitte. Die Lebenserhaltungssysteme versagen. Wir haben Tote. Wir sind keine Gefahr für die Menschheit. Wir haben keine Waffen bei uns. *Gekreuzte Finger.«*

Melina sah seufzend in die Runde wild gestikulierender, verwirrter nackter Affen in maßgeschneiderten Anzügen, die über alles redeten, außer das Wesentliche. Sie hatte das Gefühl, gegen Windmühlen anzukämpfen.

»Meine Damen und Herren«, schrie sie. Einmal. Zweimal. Dreimal.

Beim vierten oder fünften Mal hörten ihr zumindest die meisten wieder zu. »Wir müssen jetzt handeln. Die Außerirdischen von Oizys versichern, dass sie keine Gefahr darstellen – und von mir aus können wir sie ja noch immer unken, wenn sich das Gegenteil erweist. Wer kann Raketen bereitstellen, um sie abzuschleppen? Dr. Kagheli, haben Sie einen Überblick? Wer hätte das nötige Werkzeug?«

Der Wissenschaftler rutschte nervös auf seinem Stuhl umher und schob die Brille gegen den Nasenrücken. »Nun ... Meines Wissens nach könnten einige Raketen, die normalerweise Satelliten in die Umlaufbahn bringen, recht schnell so umfunktioniert werden, dass sie zu dem Raumschiff der Oizyaner fliegen und sie zumindest so weit ziehen könnten, dass es auf die Erde hinabstürzt. Wir wissen nichts über ihr Raumschiff, aber es wird wohl den Eintritt überstehen, wenn es schon so lange im Weltraum unterwegs ist.«

»Großartig«, sagte Melina und versuchte so enthusiastisch und hoffnungsvoll wie sie nur konnte zu klingen. Sowohl um sich selbst zu überzeugen als auch zu verhindern, dass ihr jemand widersprach. »Dann nehmen wir einfach die erstbeste Rakete, die zur Verfügung steht. Es ist am Ende egal, welche.«

»SpaceX hat sicher ...«, begann die US-Präsidentin.

»Egal«, unterbrach Melina. »Wir nehmen, was da ist.«

»Und wohin sollen wir die Oizyaner abstürzen lassen?«, fragte der russische Präsident. »Wir können sie nicht überall abstürzen lassen. Wenn sie in eine Stadt stürzen, wird das ein Desaster. Vor allem müssen wir uns auch eine Strategie überlegen, wie wir der Menschheit diesen Wendepunkt in der Geschichte kommunizieren, um Massenpaniken zu verhindern. Ich würde daher Sibirien vorschlagen. Weite, menschenleere Fläche, die die Russische Föderation gern freiwillig absichert. So bleibt genug Zeit, um danach alles Weitere durchzusprechen.«

»Wie wäre es mit neutralem Gebiet?«, schlug der deutsche Kanzler vor, bevor die US-Präsidentin mit erhobenem Zeigefinger losfluchen konnte.

»Ich wiederhole das nur ungern«, sagte der chinesische Präsident räuspernd. »Aber die Schweiz ist alles andere als neutral. Sie ist von der EU umzingelt und verfolgt ganz eigene Interessen.«

»Ich dachte eher an internationales Gebiet«, sagte der Kanzler. »Wie zum Beispiel den Nordpol.«

»Das ist russisches Gebiet.«

»Kanadisches und US-amerikanisches, um korrekt zu sein«, entgegnete die US-Präsidentin spitz und verschränkte die Arme vor der Brust.

»Wie kommt denn das? Ich glaube, mich da an eine andere Abmachung zu erinnern«, meinte der russische Präsident.

»Wie wäre es mit dem Südpol?«, fragte Melina verzweifelt. »Das ist unumstritten internationales Gebiet.«

Der britische Premier schnalzte mit der Zunge. »Nun, das kann man so sehen, aber nicht unbedingt.«

»Dem muss ich zustimmen«, fügte die französische Präsidentin hinzu. »Frankreich würde aber sofort eine Ariane Rakete zur Verfügung stellen, sollten wir uns darauf einigen, die Flüchtlinge im Adélieland aufschlagen zu lassen.«

»Das ist eine bodenlose, schamlose Frechheit«, warf ihr der chinesische Präsident entgegen. Wieder brach ein wilder Streit los.

In dem Augenblick vibrierte das Smartphone erneut. Mit klopfendem Herzen öffnete Melina den Messenger.

»Feuer. Es brennt an Bord. *Flammen Weinendes Smilie.* Wir brauchen sofort Hilfe. Ist sie unterwegs?«

Melina sah auf, sah die streitenden Gesichter, die herumfuchtelnden Hände, hörte das endlose Herumargumentieren und Paragrafenzitieren.

»Es tut mir leid, die Menschheit ist noch nicht bereit. *Weinendes Smilie.*«

»Wir verstehen. Danke für dein Hilfe, Melina *Herz*«

»Bitte. Haltet durch. Ich werde es schaffen!«, schrieb sie zurück. Aber diesmal erschien hinter ihrer Nachricht nur ein Häkchen: *Die Nachricht wurde versendet, aber der Empfänger ist offline.*

Es dauerte eine halbe Stunde, bis jemandem auffiel, dass die Generalsekretärin ihr Gesicht in den Armen vergraben hatte und weinte. Nach und nach verstummten die hitzigen Debatten.

»Frau Generalsekretärin?«, fragte der deutsche Kanzler. »Geht es Ihnen gut?«

Sie wäre am liebsten aufgesprungen und hätte sie alle angebrüllt für ihre Dummheit, für ihre Trägheit, für ihre Inkompetenz. Stattdessen stützte sie sich nur erschöpft auf und sprach ins Mikrofon: »Der Kontakt zu den Oizyanern ist abgebrochen. Ein Feuer brach auf ihrem Schiff aus. Vermutlich sind sie alle tot«, dann klappte sie zusammen.

»Vielleicht sind noch Überlebende an Bord«, mutmaßte die amerikanische Präsidentin.

»Auf jeden Fall aber wertvolle Alientechnologie. Der Erste vor Ort bringt alle Schätze heim«, flüsterte der russische Präsident, der bereits sein Smartphone am Ohr hatte, mit dem Stab von Roskosmos in der Leitung. Er war nicht der Einzige. Die Führer der Staaten telefonierten hektisch mit ihren Weltraumbehörden und privaten Weltraumunternehmen. Melina Piłsudski starrte auf den Bildschirm ihres Smartphones, las immer wieder durch den Tränenschleier die Nachrichten des ersten Kontakts. Das Schlimmste waren die kalten Krallen der Einsamkeit, die ihr Herz mit dem Wissen umschlossen, dass der Kosmos wieder etwas dunkler und leerer geworden war.

Unter Menschen

Monika Loerchner

Ich gehe durch die Welt und sorge für Gleichgewicht. Das ist nicht immer einfach: Jedes Problem ist so vielschichtig wie der Mensch dahinter. Was auch bedeutet, dass manches herrlich unkompliziert ist.

Was ist Gerechtigkeit? Ein unnatürliches Konstrukt, entsprungen aus menschlichen Gehirnen, die von einem Gott erschaffen wurden, der Weisheit und Güte gleichermaßen in sich vereint. Und dabei nicht bedacht hat, dass Menschen eben keine Götter sind. Das Leben ist nicht gerecht, die Natur ist nicht gerecht. Und die Gnade Gottes ist nicht gerecht: Gnade und Vergebung sind Dinge, die die menschliche Ordnung aushebeln. Damit kommen die Menschen einfach nicht zurecht.

Sie ahnen schon lange, dass mit ihnen etwas nicht stimmt. Wie viele sich allein darüber beschwert haben, als mein Bruder sagte, Gott sei einer, der vom Glauben abgefallen und wieder bekehrt worden ist, lieber als einer, der immer geglaubt hat. »Ungerecht!«, schreien sie durch die Jahrhunderte. Ich kann es ihnen nicht verübeln. Sie sind nicht in der Lage, die Dinge anders zu sehen. Ebenso wenig könnte man einem Hamster vorwerfen, nicht sprechen zu können.

Gerechtigkeit. Die Menschen glauben noch immer, dass sie etwas Erstrebenswertes ist. Egal, denn jetzt steht diese Welt sowieso kurz vor ihrem Untergang, deswegen bin ich hier. Um für so viel Gleichgewicht wie möglich zu sorgen, bevor der letzte Tag der Menschheit gekommen ist.

Schon wieder Schmerzen im Kopf. Dieser Körper ist einfach zu unpraktisch: Alle Genüsse, die man mit ihm erfahren kann, führen zu Schmerz, Krankheit oder Tod. »Was hast du dir dabei nur gedacht, Vater?«

Seine Antwort entlockt mir ein Lachen. Das ist einer der Vorteile dieser Körper: Sie lachen auf eine besonders schöne Art. Ansonsten aber führt alles wie gehabt zum Tod. Ich führe in diesem Körper gleich mehrere Krankheiten spazieren: Hepatitis C und Gonorrhö – beides aus der Zeit des Körpers im Ballungsraum nebenan, witzigerweise bei einer Handlung eingefangen, die eigentlich dem Erhalt des irdischen Lebens dient – sowie erste Anzeichen einer Krebserkrankung.

»Fast scheint es«, erkläre ich verschmitzt, »dass du gar nicht wolltest, dass die Menschheit überlebt. Oder war gerade das das Experiment?«

Bei Vaters Antwort muss ich grinsen. Nun aber an die Arbeit! Der Kopf tut jetzt noch mehr weh, und auch die Niere schmerzt. Eine kurze Analyse ergibt, dass dieser Körper bald aufhören wird zu funktionieren. Ich könnte dann zwar weiter in ihm herumlaufen – schließlich bin ich nicht irgendwer, und was mein Bruder kann, kann ich schon lange – aber da mein jetziger Leib den Gesetzen dieser Welt unterliegt, würde er irgendwann anfangen zu zerfallen, und ich würde den Menschen dann sicher Angst einjagen.

Es nützt ja nichts! Ich verdrehe theatralisch die Augen (noch so etwas, das ich an menschlichen Körpern liebe) und heile den Körper. Da ich schon mal dabei bin, entferne ich auch gleich überschüssiges Fett (das zugegeben vor mir noch nicht da war). Ich hoffe, dass das jetzt für ein paar Monate reicht. Jetzt noch dem Körper etwas anziehen, und ich bin bereit für den Tag.

Unzählige (stimmt nicht, es sind genau 164) Ballons zieren den Himmel, als ich durch die Innenstadt schlendere. Mein erster Mensch heute ist Luisa Charlotte Novotny, Angestellte eines kleinen Geschäfts. Eine melodische Glocke verkündet mein Betreten. Sofort kommt eine auf modische Weise elegant gekleidete Frau auf mich zu.

»BINGO!«

Sie lächelt mich irritiert an. »Guten Morgen! Was kann ich für Sie tun?«

»Nichts, um ehrlich zu sein.« Natürlich muss ich mich nicht umschauen, um zu wissen, dass sich niemand sonst in dem Geschäft aufhält, aber ich tue es trotzdem. »Angepasstes Erdverhalten«, wie mein Bruder sagen würde.

Ich ziehe die Mundwinkel hoch, damit mich die Frau für freundlich hält. »Im Gegenteil: Ich möchte etwas für Sie tun.«

»Für mich?« Die junge Dame runzelt die Stirn. »Ich kaufe nichts, und die Chefin ist nicht da, tut mir leid.«

Mit diesem Typ Mensch diskutiere ich schon lange nicht mehr. Daher schaue ich Frau Novotny tief in die Augen und mache sie mir ein wenig gefügig. Bei dieser Spezies geht das geradezu lächerlich einfach.

»Ich möchte etwas für Sie tun, Frau Novotny!«, wiederhole ich.

»Und was?«, fragt die Frau zittrig.

»Es geht darum«, sage ich mit sanfter Stimme, »dass Sie Gott um Gerechtigkeit angefleht haben. Tag für Tag, Jahr um Jahr haben Sie dafür gebetet. Das waren eine Menge Gebete, und das erkennt Gott wohlwollend an.«

»Es tut mir leid«, sie streicht sich nervös über ihre hochgesteckten Locken, »aber ich weiß nicht, wovon Sie reden?«

»Macht nichts«, winke ich ab. »Streng genommen waren das auch gar nicht Sie, sondern ihre Vorfahrin, eine gewisse Margarete Linn, die von 1327 bis 1354 lebte. Ihr Leben war nicht schön und ihr Schicksal hart.«

Frau Novotny schüttelt den Kopf. »Und jetzt wollen Sie mir helfen, weil meine Vorfahrin Gott darum gebeten hat?«

»Ja.«

»Aber warum haben Sie dann nicht ihr damals geholfen?«

Ich wiege den Kopf hin und her und lasse die Augen sich nach oben drehen. Das sind meine *Denkeraugen.* »Sagen wir einfach, dass ich mich aus organisatorischen Gründen etwas verspätet habe.«

»Etwas verspätet?«, echot Frau Novotny.

»Mindestens 664 Jahre, um genau zu sein.« Ich seufze. »Macht ja nichts, aber jetzt drängt die Zeit etwas. Der Untergang Ihrer Welt ist nämlich nicht mehr fern. Sie und Ihre Enkel betrifft das noch nicht, keine Sorge, aber das Ende ist ... absehbar. Da möchten wir vorher gern alles geklärt haben, das Gleichgewicht herstellen, denn darauf läuft ja alles hinaus, verstehen Sie?«

»Äh ...«

»Gut, ich stelle Sie also jetzt vor die Wahl: Gnade oder Gerechtigkeit?«

»Wie meinen Sie das?«

»Sie können wählen«, sage ich betont langsam, »ob Gott Ihnen die Gerechtigkeit geben soll, um die Sie beziehungsweise Ihre Vorfahrin gebeten haben oder ob ER Ihnen gegenüber gnädig sein soll.«

Ich schaue in Frau Novotnys Kopf und bin wie immer entzückt von all den kleinen Lichtern und Funken, die aufblitzen, wenn sich ein Mensch anschickt zu denken; ich habe schon in weitaus düstere Köpfe geschaut. Dennoch rührt mich Frau Novotnys geistige Zerbrechlichkeit, kein mir bekanntes Wesen leidet so wie der Mensch, ist so gefangen in der Ausweglosigkeit seiner Existenz, es ist –

»Verzeih, Vater.« Ich senke den Kopf. »Ich nehme Deine Schöpfung ja ernst!«

Frau Novotny schaut mich fragend an.

»Schon gut«, winke ich ab, »ich meinte Gott. Wählen Sie jetzt bitte zwischen der Gerechtigkeit und der Gnade Gottes.«

»Warum ich?«, fragt die Frau mit weit aufgerissenen Augen. »Oder stellen Sie jeden vor die Wahl?«

Ich wiege den Kopf wieder hin und her. »Übersetzt in menschliche Sprache dürfte die Antwort in etwa *jein* lauten. Sehen Sie, es wird über jeden Menschen gerichtet werden, und jeder wird vorher vor die Wahl gestellt. Manche Menschen dürfen allerdings bereits zu Lebzeiten wählen. Weil sie Knotenpunkte in einem Netz sind, verstehen Sie?«

»Nein.«

»Dann stellen Sie sich einfach vor, dass wir Stichproben sammeln, in Ordnung?«

Die Frau nickt.

»Verdammt! So ein Mist!«, schimpfe ich.

Frau Novotny schaut mich erschrocken an. »Habe ich etwas Falsches gesagt?«

»Nein, nein, das hat nichts mit Ihnen zu tun.« Reumütig himmele ich zur Zimmerdecke. »Es tut mir leid, Vater!«

Ich wende mich wieder an die verwirrte Dame. »Ich bin gestorben«, erkläre ich und versuche, genervt zu schniefen.

»Wann?« Nicht die dümmste Frage, die man stellen kann.

»Na, gerade eben. Wenn es heute nicht so düster wäre, hätten Sie sicher gesehen, dass ich blau angelaufen bin. Habe vergessen, diesen Körper mit Sauerstoff zu versorgen. Passiert mir öfter, ich vergesse es einfach immer wieder.«

Zu meinem Entzücken kann ich noch mit den Augen rollen. »Aber keine Sorge, ich werde mir einfach einen neuen besorgen, und gut ist. Wo waren wir? Ach ja, der Haken an der Sache: Denken Sie an die Person, die Ihnen das größte Unrecht angetan hat. Was immer Sie wählen, es wird diese Person ebenso treffen.«

Frau Novotny reckt das Kinn. »Heißt das, ich suche mir irgendwen aus, und der bekommt dann das, was ich auch bekomme?«

»So ungefähr. Nur dass Sie sich nicht irgendwen aussuchen dürfen. Tatsächlich muss es die Person sein, die an Ihnen das größte Unrecht begangen hat.« Ich lächele. »Bei Ihnen ist das ja zum Glück ziemlich einfach. Alexander N. Gabyr hat sich erst von Ihnen sein Unternehmen mit 30.000 Euro finanzieren lassen und ließ Sie dann zwei Wochen vor der Hochzeit für eine andere sitzen.«

Hass lodert in Frau Novotnys Augen auf. »Dieses miese Schwein! Für ihn hab ich meine FZR verkauft, können Sie sich das vorstellen? Ich hasse ihn, oh ja, er soll endlich dafür bezahlen! Es vergeht kein Tag, an dem ich ihm nicht die Pest an den Hals wünsche.« Sie ballt die Hände zu Fäusten, und ein böses Lächeln verzerrt ihren Mund. »Ich will auf jeden Fall Gerechtigkeit!«

Zeit für ein paar Hinweise, denke ich.

»Vergessen Sie aber nicht, dass Ihnen dann dasselbe zuteilwird.«

»Warum eigentlich?«

»Mal angenommen, Herrn Gabyr würde gleich hier auf Erden Gottes Gerechtigkeit widerfahren – was meinen Sie, wie es dabei denjenigen ergeht, die Herrn Gabyr lieben?«

Frau Novotny zuckt mit den Schultern. »Ist mir doch egal. Verbrecher kommen ja auch ins Gefängnis, obwohl ihre Angehörigen sie dann vermissen. Ungerecht, aber was will man machen?«

»Aha!«, rufe ich triumphierend. »Und an dieser Stelle kommen Sie ins Spiel: Dadurch, dass Ihnen dasselbe widerfährt, herrscht wieder Gleichgewicht, verstehen Sie?«

»Nein.«

Leider funktioniert das mit dem Augenrollen schlechter und schlechter. Kein Wunder, da Blut und andere Flüssigkeiten immer mehr verklumpen. »Mein Bruder hat es doch noch und nöcher erklärt: *Liebe deinen Nächsten wie dich selbst* oder auch *Was du willst, das man dir tut, das füg auch Deinem Nächsten zu!* Das Gleichgewicht muss bewahrt bleiben. Daher sollten Sie vielleicht erstmal darüber nachdenken, was Gerechtigkeit für Sie bedeuten würde.«

»Sie meinen, ob ich Sünden begangen habe und dann auch dafür bestraft werden würde?«

Ich nicke. »So in etwa. Wie bei der Wahl, vor der Sie stehen – Gnade oder Gerechtigkeit – geht es auch bei der Beurteilung Ihrer Seele ja im Grunde nur um zwei Dinge: die Gottesliebe und die Nächstenliebe!«

»Oh.« Die Frau blickt zu Boden. »Ich glaube nicht an Gott.«

Ich winke ab. »Sie haben die Existenz Ihres Schöpfers geleugnet, ja, aber das sehen wir mittlerweile nicht mehr so eng. Also schauen wir uns doch mal an, wie Sie ihre Mitmenschen behandeln. Sie tratschen gern und greifen ab und zu hier in die Kasse. Jetzt schauen Sie nicht so erschrocken, es hört doch keiner mit! Was allerdings richtig schwer wiegt, ist das, was Sie NICHT getan haben. Sie scheren sich keinen Deut um Überholverbote, Geschwindigkeitsbegrenzungen oder Leitschwellen. Außerdem führen Sie das Schutzprinzip eines Motorradhelmes ad absurdum, indem Sie daran regelmäßig eine Action-Cam befestigen, illegale Rennen auf der Sauerlandstraße fahren und andere Verkehrsteilnehmer aufs Höchste gefährden. UND Sie haben nicht mal einen Organspendeausweis. Das würde zumindest guten Willen zeigen! Es ist nicht Ihr Verdienst, dass bislang noch nichts Schlimmes passiert ist. Und dann wollen Sie sich für die GERECHTIGKEIT entscheiden?«

Frau Novotny schüttelt langsam den Kopf.

»Na also, das denke ich aber auch.« Ich strahle. »Sie lassen Ihren Groll endlich hinter sich, lassen den Mist mit dem Tratschen, den Diebstählen und den Motorradrennen und entscheiden sich für Gottes Gnade. Sehr schön. Und weil Sie die nicht verdient haben, wird sie zum Ausgleich auch Alexander N. Gabyr zuteil, der sie erst recht nicht verdient hat, und schon schließt sich der Kreis. Gleichgewicht, genau darum geht es. Klasse, oder?«

Frau Novotny starrt mich verständnislos an.

»So, ich muss dann auch mal weiter. Mir einen neuen Körper besorgen und so. Den alten lasse ich Ihnen einfach hier, Sie werden sich ja eh an nichts erinnern.« Ich winke der Frau noch einmal freundlich zu und verlasse dann den toten Körper.

Eine Minute später.

Amira Theresa Scholz schlägt die Augen auf. »Wo bin ich?«

»Ähm, in Warstein?«, stottert die Verkäuferin namens Frau Novotny.

»Oh.« Vorsichtig steht Amira auf. Fassungslos mustert sie ihre Arme, an denen keinerlei Einstichstellen zu sehen sind. Sie braucht eine Weile, um zu begreifen, dass sie keine Schmerzen hat und vor allem: kein Verlangen nach Heroin!

»Oh«, sagt sie noch einmal. »Ich dachte, ich wäre tot?«

Irgendwo lächelt Gott.

Raimund

Monika Loerchner

Zum ersten Mal machte sich Raimund Gedanken über die Zeit, als seine kleine Schwester Lilly zur Welt kam. Bisher war Raimunds Welt recht überschaubar gewesen: Da gab es ihn selbst, die Großen und die Erwachsenen. Die Großen, das waren die älteren Jungen, die ihn schlugen, wenn er ihnen zu nahe kam, und die älteren Mädchen, die sich alle Mühe gaben, ihn nicht zu beachten. Und weil die anderen Jungen und Mädchen genauso wuchsen wie Raimund selbst, fiel ihm gar nicht auf, dass er überhaupt wuchs. Die Kerbe, die Vater jedes Jahr in den Kirschbaum schnitzte, sah zwar recht interessant aus, aber dann hatte Raimund auch schon wieder irgendetwas Wichtigeres zu tun. Auch dass Mama immer runder wurde, nahm Raimund mit gelassenem Desinteresse zur Kenntnis, vielmehr erstaunte ihn das Gewese um seine Mutter: Als Onkel Willi damals zwei Zentner abgenommen hatte, hatten ihm die Leute ja auch nicht gratuliert, sondern hintenherum über ihn getuschelt. Da wurde Mama dicker und es schien, dass sich die Leute darüber freuten.

Als der Vater Raimund mit sanfter Miene erklärte, seine Mutter trage ein Geschwisterchen für ihn unter dem Herzen, fiel Raimund erst recht nichts dazu ein. Also zuckte er nur mit den Schultern und widmete sich wieder seinem Projekt.

Mit Lillys Geburt wurde alles anders. Mit wachsamem Blick stand Raimund fortan stundenlang an der rosafarben ausgelegten Wiege und meinte, dem Schwesterchen beim

Wachsen zuschauen zu können, so schnell veränderte es sich. Doch so lange er auch in Lillys Gesichtchen sah, er erkannte nicht, wie dieses Wunder vor sich ging, dass er am nächsten Tag sogleich wieder eine neue Facette an seiner kleinen Schwester entdeckte. Raimund war hingerissen von Lilly und wann immer ihn Erwachsene belächelten, zuckte er nur mit den Schultern und wandte sich wieder seiner Schwester zu. Und als die Kleine erst begann, zu quietschen und zu kieksen, ihre kleinen Hände immer öfter bewusst zu öffnen und zu schließen und überhaupt jeden Tag etwas Neues zu lernen, wähnte sich Raimund im Himmel der Glückseligkeit. Bis ihn eines Tages eine frohe Erkenntnis überkam: Wenn er in diesem Tempo Neues lernte und wuchs, wie es Lilly jeden Tag tat, dann musste er irgendwann zwangsläufig ausgelernt und auch ausgewachsen sein.

Die Erkenntnis, dass auch dieser glückselige Zustand ein Ende hat, und zwar ein endgültiges, überkam Raimund, als der mittlerweile stark abgemagerte Onkel Willi irgendeinen Kampf beim zweiten Mal verloren hatte und dann in einen Sarg gesteckt und vergraben wurde. Das sei kein Grund zur Trauer, versicherte Raimund seiner schluchzenden Mutter, denn der Onkel Willi sei doch nun im Himmel und lausche dort den Engelschören und esse an der Tafel Jesu.

Kein schlechter Tausch, wie Raimund fand, denn der Chor der hiesigen Gemeinde klang eher wacker als talentiert und der fürchterlich bröselig-trockene Kuchen, sicher ließ sich Jesus Christus da an seiner eigenen Tafel nicht lumpen!

Und wie nebenbei formte sich in Raimunds Kopf nach und nach der Gedanke, dass auch seine Zeit auf Erden begrenzt war, und die von Mama und Papa, ja, selbst die von Lilly, und dass es allen Menschen, die er kannte, irgendwann so ergehen würde wie Onkel Willi: die Seele nach oben, der Körper nach unten und das war es dann.

Eine ganze Zeitlang versuchte Raimund, dagegen anzugehen. Er studierte jedes Buch, das er in die Finger bekam und das ihm auch nur ansatzweise die Hoffnung gab, dieses Zeitproblem zu lösen. Ein ganzes Jahr lang beglückte er Pfarrer Hermes mit allen erdenklichen Fragen zu Gott, Jesus und dem irdischen Dasein. Bis Raimund irgendwann erkannte, dass der Liebe Gott gar nichts dagegen einzuwenden hatte, dass die Zeit der Menschen auf Erden arg begrenzt war und überhaupt im Gegenteil für die Unendlichkeit des Jenseits zuständig ist. Diese Erkenntnis hinterließ für Raimund eine große Erleichterung: Wenn ihm das ewige Leben im Paradies gewiss war, hatte er in Gott einen felsenfesten Plan B und konnte sich daher frohgemut an die Erforschung der diesseitigen Zeit machen.

Die Jahre vergingen und Raimund wuchs nicht nur zu einem sehr guten Schüler, sondern auch zu einem ganz hervorragenden Studenten heran. Er studierte erst Chemie und Biologie (die Schmetterlinge beziehungsweise die Raupen und deren Metamorphose hatten es ihm zeitweilig sehr angetan), wechselte dann jedoch zum Ingenieurwesen. Nach dem Studium schlug er das Spitzenangebot eines Privatunternehmens aus und begann für eine regierungseigene Firma zu arbeiten. Nach Feierabend – der viel früher stattfand als der seiner Kollegen, die in der freien Wirtschaft arbeiteten – ging er stets sofort nach Hause und konstruierte an seiner Zeitmaschine herum.

Niemand nahm in ernst. Raimunds Mutter sagte nur: »Ach Raimund.« Womit sie meinte, dass er sein seltsames Hobby aufgeben und lieber auf Brautschau gehen sollte. Das *Ach Raimund* seines Vaters wies darauf hin, dass es in der freien Wirtschaft nun wirklich mehr Geld zu holen gäbe als bei Vater Staat. Allerdings war dieses *Ach Raimund* nie besonders laut, denn in seinem Herzen war Raimunds Vater Patriot und sehr stolz auf seinen Sohn.

Jochens, Matthiasse, Kikkis und Marlenes gab es in Form von Nachbarn und Kollegen weiterhin in Raimunds Leben, aber echte Freunde hatte er nie. So war es einzig Lilly, die ihren großen Bruder anbetete und zu einer vor Lebensfreude überschäumenden Frau heranwuchs, die ihn mit Fragen über seine Zeitmaschine löcherte.

Und dann kam der große Tag.

Voller Stolz zog Raimund das Laken von der Maschine.

Lilly staunte. »Das ist sie?«

»Das ist sie«, sagte Raimund. »Die erste Idealzeitpunktausrechenmaschine der Welt.«

Lilly umarmte ihren Bruder liebevoll. »Das hast du toll gemacht, ich bin wahnsinnig stolz auf dich!«

Raimund lächelte und ließ noch einmal alle Tiefschläge Revue passieren. Zunächst hatte er eine Zeitreisemaschine bauen wollen. Doch selbst wenn es möglich gewesen wäre, in die Vergangenheit zurückzureisen, was hätte man davon? Man könnte ja doch nichts an der Zukunft ändern, weil man sonst ja keinen Anlass gehabt hätte – beziehungsweise haben würde –, in die Vergangenheit zurückzureisen.

Dann hatte er sich mit einer Art Jungbrunnenmaschine beschäftigt, mit der er erst aus einem alten Menschen einen jungen, dann, ähnlich wie bei Raupe und Schmetterling, ein ganz neues Wesen hatte erschaffen wollen. Beide Versuche waren fehlgeschlagen. So war er schließlich ganz im Sinne der modernen Zeit, in der er lebte, zu dem Ergebnis gekommen, dass man seine Lebenszeit vielleicht nicht verlängern, aber ganz sicher besser nutzen wollte. Es kostete Raimund einige Jahre, in denen er kaum in seinem Bett, dafür umso öfter an seinem Zeichentisch geschlafen hatte, aber die Mühe hatte sich gelohnt!

»Ich präsentiere die *IZePReM*«, sagte Lilly ehrfürchtig. »Die Maschine, die allen Menschen zu einem optimal genutzten Leben verhelfen wird!«

Raimund zitterte vor Aufregung. Er stand umringt von seinen Eltern, Lilly, und den Gesichtern seiner Kindheit auf der alten Kuhweide vom Mertinshof und wollte nun endlich zeigen, was in ihm steckte.

»Du musst hier ein paar Parameter eingeben«, erklärte er seinem Vater und deutete auf eine winzige Tastatur nebst Monitor, die an der Vorderseite seiner tischgroßen Maschine eingebaut waren. »Du beantwortest einfach drei Fragen. Natürlich musst du zuerst deine Frage eingeben.«

Unter den skeptischen, teils belustigten und alkoholisierten Blicken seiner Freunde und Nachbarn – immerhin war Sonntag und zu einer Sonntagsmesse gehörte das Frühschoppen wie der Hahn auf den Mist – versuchte Raimunds Vater sein Glück.

»Es muss aber eine Wann-Frage sein«, warf Raimund noch hastig ein.

Lilly lächelte ihm aufmunternd zu.

»Na gut.« Raimunds Vater tippte mit seinen dicken, schwieligen Fingern ein: »Wann sollte ich mir einen neuen Rasierapparat kaufen?«

»Papa«, rief Raimund empört, aber sein Vater zuckte nur mit den Schultern.

»Ist doch eine Wann-Frage, oder?«

Die Leute nickten zustimmend. Lilly und Mama legten jeweils eine Hand auf Raimunds Schulter, Raimunds Vater drückte auf *Start* und dann ging es los.

»Wie groß sind Sie?«, las Raimunds Vater vor.

Gleichmütig tippte er die richtige Zahl ein.

»Wann hat es zum letzten Mal geregnet?«

Gemurmel entstand. Ohne die anderen zu beachten, gab Raimunds Vater die Antwort ein.

»Trinken Sie gerne Milch?«

Hinter Raimund schwoll ein Kichern an, das sich in einem herzhaften Gruppenlachen entlud.

»Milch«, japsten die Einen, »wenn das Ding wenigstens nach Schnaps gefragt hätte!«

»So ein Käse«, spotteten die Anderen. »Was hat sich der Junge nur dabei gedacht?«

Doch Raimunds Vater tippte vollkommen unbeirrt: »Ja.«

Hohn und Spott verstummten schlagartig, als die Maschine zu ruckeln begann. Raimund hörte es in ihrem Inneren gewichtig klacken und ticken. Dann wieder ein Moment der Ruhe und dann ...

»Morgen in drei Wochen«, las Raimunds Vater vom Bildschirm ab. Er nickte zufrieden. »Eine klare Aussage. Eine gute Antwort, Raimund, eine gute Maschine!«

Und damit hatte es sich für ihn. Die Leute hingegen waren längst nicht zufrieden. »Morgen in drei Wochen, das ist doch Käse«, verkündete der alte Meier.

Und die unsäglich gern klatschende Frau Himmelreich meinte: »Und woher sollen wir jetzt wissen, dass das stimmt?«

»Na, dann stellen Sie doch eine Frage, deren Antwort in der Vergangenheit liegt«, mischte sich Lilly ein.

»Dann sehen Sie ja, dass es funktioniert!«

Gesagt, getan. Schon setzte sich Herr Schuster vor die Maschine.

»Wann habe ich meiner Maria das Ja-Wort gegeben?«

Die Maschine surrte kurz, dann erschien die erste Frage auf dem Bildschirm. »Was ist Ihr Leibgericht?«

»Tomatensuppe mit Zwiebeln und Speck.« Die Antwort.

»War der letzte Winter hart oder mild?«

»Mal so, mal so.«

»Wie heißt das jüngste Mitglied ihrer Familie?«

»Jonathan.«

»16. Juni 1981«, spuckte die Maschine aus.

Herr Schuster starrte auf den Monitor, die Menge hielt den Atem an. Langsam stand er auf und drehte sich zu den Leuten um.

»Es stimmt«, stammelte er, »das ist unser Hochzeitstag! Wie hat diese Maschine das nur gemacht?«

Sofort umringten die Theoretiker Raimund und wollten wissen, wie er das gemacht hatte, die Skeptiker umringten die Maschine auf der Suche nach einem Trick und die Pragmatiker bildeten vor dem Wunderding eine Schlange, um ebenfalls ihre Wann-Frage stellen zu können.

Die Maschine stellte sich als voller Erfolg heraus. Raimund musste noch drei weitere Tage in seinem Heimatdorf verbringen, bis jeder Einwohner halbwegs zufrieden heimwärts gegangen war. Als endlich alle glücklich waren – bis auf diejenigen, die sich einen Spaß daraus gemacht hatten, nach dem Tag ihres Todes zu fragen und die dann erkennen mussten, dass die Kenntnis darüber ab einer gewissen

Kürze der verbleibenden Lebensdauer so gar nicht spaßig war – machte sich Raimund wieder auf. Zwar wollten ihn die Leute nicht gehen lassen – er hatte die Dorfgemeinschaft schwören lassen, keinem davon zu erzählen, was bedeutete, dass sich seine Maschine längst bis in die Nachbardörfer herumgesprochen hatte – doch er floh kurzerhand über Nacht zu seiner Schwester Lilly.

»Jetzt endlich kann jeder Mensch sein Leben optimal nutzen«, erklärte er dort Lillys Ehemann Christian und den Kindern Bianca und Mark. »Denn jetzt weiß jeder, wann der perfekte Zeitpunkt gekommen ist, zu heiraten, ein Kind zu bekommen, seine Arbeitsstelle zu wechseln, Lotto zu spielen und so weiter.«

(Oder auch, dass etwas *nie* der Fall sein wird; diese bittere Antwort erhielt Cosima Wilhelm auf die Frage, wann sie endlich berühmt werden würde.)

Die Kinder teilten die Begeisterung ihrer Mutter, nur Christian blieb skeptisch. »Woher weiß deine Maschine das alles?«

Zum ersten Mal in seinem Leben gönnte sich Raimund ein überlegenes Grinsen. »Das bleibt mein Geheimnis!«

»Und was wirst du jetzt damit anfangen?«

Raimund zuckte mit den Schultern. »Das weiß ich noch nicht genau. Zunächst einmal werde ich mich daran machen, die Maschine nachzubauen. Auf jeden Fall soll sie Gutes bewirken und irgendwann allen Menschen zur Verfügung stehen.«

»Was ist mit dir, Onkel Raimund«, krähte Bianca, »was hast du die Maschine gefragt?«

Raimund schwieg verblüfft. »Bis auf die ganzen Testfragen ... also jetzt nur für mich persönlich ... nichts!«

Nachdem sie die Kinder zu Bett gebracht hatte, fand Lilly ihren Bruder mit rotgeweinten Augen auf der Gartenbank.

»Was ist los, Bruderherz, warum strahlst du nicht vor Glück?«, fragte sie und setzte sich neben ihn.

Er schniefte. »Eben, als du Bianca und Mark ihre Gutenachtgeschichte vorgelesen hast, bin ich zu der Maschine gegangen.«

»Um sie auch endlich etwas für dich zu fragen, nehme ich an?«

»Genau. Weißt du, in der Firma gibt es eine Frau, Maria, sie gefiel mir vom ersten Moment an. Nur habe ich mich nie getraut, sie nach einem Rendezvous zu fragen.«

Nur über sie zu sprechen, brachte Raimunds Herz schon dazu, wild in seiner Brust herumzuhüpfen. Gleichzeitig spürte er jedoch wieder den dicken Stein, der ihm seit der Antwort der Maschine im Magen lag. »Ich habe die Maschine gefragt, wann ich sie am besten ansprechen soll.«

»Jetzt lass dir doch nicht alles aus der Nase ziehen«, schimpfte Lilly. »Was hat die Maschine gesagt?«

Raimund schloss die Augen. »Die Maschine sagte, der perfekte Zeitpunkt, Maria nach einem Rendezvous zu fragen, wäre vor drei Jahren gewesen.«

Er lachte bitter. »Ist das nicht ironisch? Da arbeite ich mein halbes Leben lang an dieser Maschine, die die Menschen glücklich machen soll und verpasse dadurch den perfekten Zeitpunkt, um mein Lebensglück zu finden.«

Lilly funkelte ihn kampflustig an. »Und davon lässt du dich beeindrucken?«

»Meinst du, es gibt noch eine Chance?«

»Aber natürlich, du Dummerchen.« Lilly lachte liebevoll. »Dann hast du eben die beste Möglichkeit vertan, ja und?

Frag die Maschine nach der zweitbesten, oder noch besser: Frag, wann der beste Zeitpunkt *ab jetzt* ist, um sie anzusprechen.«

»Du meinst, das ist so einfach?«

»Das meine ich.« Lilly nahm ihren Bruder an der Hand und zerrte ihn kurzerhand ins Haus.

Alsbald hockten die beiden vor der Maschine und Raimund tippte mit zitternden Fingern ein. »Wann ist *ab jetzt* der beste Zeitpunkt, um Maria anzusprechen?«

»Welche ist Ihre Lieblingsfarbe?«

»Haben Sie braune Haare?«

»Was gab es für Sie heute zum Frühstück?«

Beruhigend legte Lilly einen Arm um Raimund und sie warteten voller Ungeduld. Dann endlich konnte er die Antwort vom Bildschirm ablesen. »Jetzt!«

Auf einmal ging alles ganz schnell. Raimund nannte seiner Schwester den vollständigen Namen der Angebeteten und sie fand für ihn die Telefonnummer heraus.

»Und du denkst, ich kann jetzt noch so spät da anrufen?«

»Die Maschine hat es gesagt, oder?«

Allein hätte es Raimund wahrscheinlich nicht gewagt, aber mit Lilly im Rücken bleib ihm gar keine andere Wahl.

»Ja, hallo?«, meldete sich Marias Stimme am anderen Ende des Hörers.

Als sie wieder auflegte, strahlte sie. Sie hatte ein Rendezvous!

Vor Raimunds Anruf hatte sie wieder einmal den Abend damit verbracht, zu viel Wein zu trinken und sich Bilder aus den glücklichen Tagen ihrer gescheiterten Ehe anzusehen. Leider hatte ihr niemand vorhersagen können, zu was für einem Mistkerl sich Hartmut binnen kürzester Zeit entwickeln würde.

»Schade«, dachte Maria, »dass mich Raimund nicht schon vor drei Jahren angesprochen hat; dann hätte ich meinen miesen Ex wahrscheinlich gar nicht erst kennengelernt.«

Ihr kam ein weiterer Gedanke. »Vielleicht wäre ich dann jetzt sogar schon lange mit Raimund verheiratet?« Maria kicherte und spürte in ihrem Magen ein verheißungsvolles Kribbeln. »Verheiratet mit dem süßen, freundlichen, genialen Raimund Steinbeck. Aber was nicht ist, kann ja noch werden!«

Der Tag, an dem Jule Fischer

Monika Loerchner

Sie waren vom Hafen her gekommen und hatten ihr Boot bereits entdeckt: Die *Viria III* wurde gerade betankt, was nicht nur erstaunlich laut, sondern auch vollkommen unspektakulär war.

Keine fünfzig Meter weiter befand sich die Anlegestelle. Hier standen sie nun. Zu zweit, händchenhaltend und aufgeregt. Kichern war in ihr hoch geperlt, kribbelig, als hätte sie den Begrüßungssekt schon getrunken.

Sie waren nicht die Einzigen gewesen, natürlich nicht, und wann immer neue Frauen eintrafen, zu zweit oder in Grüppchen – allein traute sich wohl doch keine – schwappte die Aufregung der Neuankömmlinge auf die bereits Wartenden, ging erneut ein Schauer der Erwartung durch die parfümierten, rasierten und sorgfältig geschmückten Leiber.

Es war so albern.

»Mein Gott, ich fühle mich, als wäre ich wieder fünfzehn«, hatte Jule ihrer Freundin Isa zugeraunt. Und es genau so gemeint.

Isa hatte nur gelächelt und genickt und sich zum wiederholten Mal auf die Zehenspitzen gestellt, den Hals gereckt und versucht, einen genaueren Blick auf die Menschenansammlung am anderen Ufer zu bekommen. Vergebens, der Fluss war viel zu breit. Außerdem: Wo bliebe denn das Vergnügen, wenn sie jetzt schon alles sehen könnten?

Geplant war, dass das Boot erst die Damen an Bord nehmen, eine großzügige Schleife drehen und dann auf das andere Ufer zuhalten würde, um die kennenlernwilligen Herren aufzunehmen. Danach, so lautete der Text in der fast schon antiquiert wirkenden Broschüre, *geht es flussaufwärts, während Sie an Bord bei Kerzenschein, Mondlicht und Sekt drei prickelnde Stunden verbringen werden.* Ergänzt sollte das Ganze zu Isas Vergnügen durch ein *üppiges Buffet inkl. Krabbencocktails* (*solange der Vorrat reicht)* werden.

Das Wetter war perfekt. Goldene Herbstsonne tauchte Fluss und Menschen in ein geradezu magisches Licht. Eine leichte Brise wehte und die noch sommerwarme Luft war frisch und voller Botschaften. »Es ist noch Sommer«, verkündete sie, »alles ist leicht und warm und schön.«

Gleichzeitig schwang eine leise Wehmut in ihren Worten mit, eine sanfte Erinnerung an das, was noch so fern schien, aber bereits hinter dem noch so jungen Herbst wartete. Die Zeit, in der man sich der Wärme seiner Familie wieder gewahr wurde – oder der kalten Leere in seinem Leben.

Die ganze Welt sandte ihnen eine Botschaft: Heute, heute, heute Abend triffst du IHN!

Es konnte nicht anders sein! Welchen Sinn hätte das alles sonst gehabt, dieser goldene Abend, ihre wild pochenden Herzen?

Jetzt steht sie da, abgewandt, und schaut auf den Fluss. Das Wasser, das sie aufwühlen, ist so viel verlässlicher als auf den Weg zu schauen, der noch vor ihnen liegt.

»Komm schon, Jule, spiel mit!« Jule dreht sich um. Isa ist offenbar bester Laune. Mit vor Lebenslust und Sekt geröteten Wangen zieht sie sie zu sich heran. »Das erste Spiel fängt gleich an!«

Die erste Euphoriewelle ist bereits verebbt. Schweigend haben die Freundinnen das *Männermaterial* gesichtet, das ihnen so groß angepriesen worden war.

Nun, sie selbst ist auch keine Zwanzig mehr, wie sich Jule gnadenlos eingesteht. Kein Grund, den Kopf hängen zu lassen!

Die Enttäuschung trifft dennoch tief. Wozu ist sie hier, wenn nicht, um einen echt tollen Mann kennenzulernen? Otto Normalmann kann sie jeden Tag auf der Straße ansprechen. Und überhaupt: Die Frauen haben sich nach allen Regeln der Kunst schick gemacht; die Herren sind frisch rasiert und auch ein wenig in Schale geworfen, gut, aber nach besonders viel Aufwand sieht das nicht aus. Außer vielleicht der da. Schaudernd mustert sie einen Mann mit langem Bart und Haarknoten. So wie der aussieht, hat er mehr Zeit damit verbracht, seinen Bart zu kämmen und zu ölen als mit der Auswahl seiner Garderobe – nein, danke!

»Ich habe keine Lust zu spielen!«, erklärt sie ihrer Freundin. »Ich schaue mir lieber den Fluss an.«

Isa hebt die Augenbrauen. »Und das macht Spaß? Na schön, dann nimm wenigstens noch das hier.«

Sie drückt Jule ein volles Sektglas in die Hand, zwinkert ihr zu und verschwindet wieder zwischen dem Getümmel.

Jule seufzt und wendet sich dem Fluss zu.

»Hey. Ich bin Jannis.«

Sie würdigt ihn keines Blickes, sondern starrt weiter auf das Sonnenlicht, das sich auf dem aufgewühlten Wasser bricht. In der letzten halben Stunde ist sie zwar erst zweimal angesprochen worden, aber das hat ihr schon gereicht.

Sie zuckt mit den Schultern.

»Entschuldige bitte, aber ... ignorierst du mich?«

Keine Spur von Zorn in seiner Stimme, kein Hauch von Trotz oder Unsicherheit. Wie in Gottes Namen kann jemand so eine Frage stellen und dabei vollkommen emotionslos bleiben?

Sie zögert. Interessant war das schon, aber ... »Und wenn es so wäre?« Ihr kecker Tonfall erstaunt sie selbst.

»Dann wäre das eben so.«

Jule verkneift sich ein Lachen. Stattdessen leert sie ihr Glas in einem Zug.

Schweigen.

Sie dreht ihren Kopf um eine Winzigkeit nach rechts. Doch, er ist noch da.

Isas Lachen und die sympathische, klangverstärkte Stimme des Moderators dringen zu ihr herüber. Das erste Spiel hat offenbar begonnen.

»Willst du nicht mitspielen?« Sie sagt es bewusst, ohne ihren Nebenmann anzusehen. Mit Stille kann sie nicht so gut, hat sie noch nie gekonnt, aber ermutigen will sie ihn auch nicht.

»Nein«, lautet seine ruhige Antwort.

Noch immer schaut sie ihn nicht an. Der Sekt blubbert in ihrem Magen, Alkohol gelangt in ihr Blut. Das wird auch Zeit, sie hat immerhin schon ein paar Gläser gekippt.

»Tut mir leid«, sagt sie schließlich. »Ich bin wohl nicht sehr gesprächig.«

»Das macht nichts.«

»Ach nein? Wieso nicht?«

Jannis lacht leise. »Ich habe mich sehr gut auf diesen Abend hier vorbereitet. Ich habe mir zahlreiche Taktiken erarbeitet, bin alle Möglichkeiten durchgegangen. Man könnte sogar sagen, ich habe das hier bis ins Kleinste geplant. Planen lassen, um genauer zu sein. Ich habe mir jemanden gesucht, der mir geeignet schien, und ihn dafür bezahlt, Tage seines Lebens darauf zu verwenden, dass ich genau hier und heute bei einer Frau lande. Diese Person, ein Fachmann sozusagen, hat mir sogar eine Liste erstellt, und diese Liste arbeite ich gerade ab.«

»Ich stehe auf deiner Liste von Frauen?« Sie meint, sich verhört zu haben.

»Aber nein, nicht doch. Du könntest ehrlich gesagt jede x-beliebige Frau sein. Das spielt keine Rolle.«

»Ach, und was spielt dann eine Rolle?«

»Dass ich heute Abend bekomme, was ich möchte. Und das werde ich. Wenn du mich also ignorieren willst, kein Problem, hier sind noch genug andere Frauen.« Seine Stimme klingt sorglos, fast fröhlich, definitiv gelassen. »Bei einer wird es klappen.«

Sie schüttelt den Kopf. »Du willst mir erzählen, dass du bei jeder Frau eine andere Masche ausprobierst und denkst, dass irgendwann eine drauf anspringt?«

»So ist es. Ich weiß es. Reine Wahrscheinlichkeitsrechnung.«

»Das kann doch wohl nicht wahr sein!«, denkt sie. »Wieso muss immer ich an solche Spinner geraten?«

»Darf ich dich dann streichen und weitergehen?«

Jetzt endlich dreht sie sich zu ihm um, funkelt ihn an. »Na, du hast ja Nerven«, faucht sie, »erst rückst du mir auf die Pelle und jetzt tust du so, als wäre ich diejenige, die was von dir will?«

Er hebt die Hände. »Jetzt komm mal runter! Ich wollte mich nur vergewissern, dass du wirklich kein Interesse hast. Das war rein informativ gedacht!«

»Ach ja? Und du spielst nicht die beleidigte Leberwurst,

wenn ich sage, dass du gehen sollst?«

Er schüttelt den Kopf. »Nein, warum denn?«

»Und du wirst nicht aggressiv?«

»Versprochen.«

»Na schön.« Sie mustert ihn. Eigentlich schade, er sieht gut aus: funkelnde, tiefbraune Augen, glattrasiert, markantes Kinn. Ordentliches Hemd, dunkle Jeans. Die Schuhe sieht sie nicht, aber die sind ihr sowieso egal. Er wirkt gepflegt, aber nicht aufgetakelt. Ganz wichtig: saubere Zähne. Die sieht sie, als er sie anlächelt. Wirklich schade.

»Na los, schwirr ab.« Sie sagt es nicht unfreundlich, aber bestimmt. Sie hat ja auch noch ihren Stolz.

Ein Kellner trägt ein Tablett mit gefüllten Sektgläsern herum. Sie stellt ihr leeres darauf und greift dann mit beiden Händen zu. Bei dem Hintern des Kerls, den sie jetzt sehen kann, hätte sie auch gerne beherzt zugegriffen. Blöder Stolz! Wer ist schon einmalig auf der Welt? Spricht etwas dagegen, eine Taktik zu haben?

Er plaudert bereits mit der Nächsten, lacht, sie auch, irgendwann wird er zweifellos Glück haben. Kein Wunder, bei dem Aussehen. Und überhaupt: Die Frau, mit der er sich jetzt unterhält, ist keine 1+ der Notenskala. Sie selbst auch nicht, das hat sie schon vor langer Zeit eingesehen. Mit viel Aufwand schafft sie es auf eine 2-, mehr ist nicht drin. Im Normalzustand sieht sie eher nach einer soliden 3 aus, nichts Aufregendes, aber so schlecht nun auch wieder nicht. Ist das vielleicht seine Haupttaktik? Die weniger attraktiven Frauen anzusprechen, damit die sich geschmeichelt fühlen?

Er ist auf jeden Fall eine 2+, wenn nicht sogar eine 1- ...

Ach, egal jetzt.

Die Sonne versinkt langsam hinter den leise plätschernden Wellen. Man hört sie kaum, dafür werden die Gespräche immer lauter, das Lachen ausgelassener. Das Spiel scheint zu Ende zu sein, dafür hat jemand die Musik aufgedreht. Leichter Wind kommt auf, tastet sich an sie heran, wird urplötzlich stärker und zieht sich in Sekundenschnelle wieder zurück. Er hinterlässt eine Gänsehaut auf ihren nackten Armen.

Wehmut. Melancholie. Scheißabend.

Aber mal ehrlich, was hat sie denn erwartet? Eine Ü30-Single-Boots-Party, was auf gut Deutsch heißt: Frauen ab fünfunddreißig und Männer ab vierzig aufwärts sind mit jeder Menge Alkohol und miteinander gefangen. Da wird später so manches Paar über den Anlegesteg taumeln – und von denen wird mit Sicherheit nicht jeder Morgen früh noch so gut drauf sein.

Für die anderen ist es einfach nur ein frustrierender Abend mehr, hoffentlich wenigstens nicht mit einem Kater gekrönt.

Jannis und die Frau von eben geraten wieder in ihr Blickfeld. Scheint, als wäre er für heute fertig mit seinem Plan. An der Art, wie sie ihn ansieht, erkennt Jule, dass er ganz bestimmt zum Zug kommen wird.

Die Frau drückt ihm ihr Glas in die Hand – ob voll oder leer, sieht Jule nicht – dreht sich galant um und steuert die kleine Treppe an, die ins Bootsinnere und zu den Toiletten führt. Wenn er ihr jetzt hinterher geht, dann –

Er tut es. Natürlich. Baby, du hattest deine Chance!

Sie trinkt Sekt Nummer ... weiß sie nicht. Leere. Zum Glück hat sie sich ja zwei Gläser genommen. Die, die da unten jetzt gegen irgendeine Holzwand gepresst und mit Sicherheit ordentlich durchgerammelt wird, könnte sie sein.

Ihr Magen grummelt. Luft steigt auf und entweicht. Zum Glück ist die Musik so laut, zum Glück steht keiner nah neben ihr, zum Glück, zum Glück, zum Glück!

Zum Glück ist sie das nicht da unten auf dem Klo, sicher mit dem Griff der Tür schmerzhaft im Rücken, eine Hand auf dem glitschigen Waschbecken abgestützt und Gedanken im Kopf, ob es das jetzt wirklich ist, was sie wollte.

Wind schaukelt das Boot und ihr wird schlecht.

Sie schließt die Augen, öffnet sie aber im nächsten Moment wieder. Regel Nummer 1 auf See lautet: Augen auf die Wellen, damit das Gehirn die Bewegungen zuordnen kann. Sonst wird einem schlecht. Oder nach fünf bis acht Gläsern Sekt. Der Geschmack in ihrem Mund ist widerlich. Wer ist eigentlich auf die bekloppte Idee gekommen, ausgerechnet auf einem Boot eine Party stattfinden zu lassen?

Wackeliger Untergrund, der hübsche Damen umher schliddern lässt, lässig aufgefangen von starken Männerarmen, und zack, schon gibts den ersten Kuss bei Sonnenuntergang?

Sie würde jetzt echt gern kotzen, aber hier würde es jeder mitbekommen und auf dem Klo vögelt Jannis seine Listenfrau.

Das Schlimmste aber ist, dass sie von sich enttäuscht ist, statt stolz auf sich zu sein. Sie wollte es durchziehen, hier und heute Nacht.

Natürlich hat sie eher ein verschwiegenes Hotelzimmer oder eine Wohnung im Sinn gehabt. Doch sie hat es auf jeden Fall durchziehen wollen. Weil sie sich damit etwas bewiesen hätte. Dass sie noch immer in der Lage ist zu leben, Herrgott nochmal, dass ihr Leben mehr ist als eine Ansammlung von lästigen Pflichten, dem Funktionieren im Alltag und den Nichtigkeiten ihres kleinen Daseins. Sie wird nie die Welt verändern und ihre Kinder – so ehrlich muss sie sein – würden es auch nicht.

Sie sind absolute Durchschnittsmenschen, winzige Räder, deren Fehlen im Getriebe nur dem benachbarten Zahnrad auffallen würde, und Ersatz wäre schnell gefunden. Sie macht sich nichts vor. Ihre Kinder hängen an ihr, ihr Mann und ihre Eltern lieben sie, aber gilt das tatsächlich ihr?

Ihre Eltern haben sich nicht ausgesucht, wen sie als Kind bekommen würden, ihre Kinder haben sie sich nicht zur Mutter gewünscht. Das mit Finn ist natürlich etwas anderes, klar, aber wenn sie sich nicht getroffen hätten, wäre es so gelaufen wie bei Jannis und seiner verfickten Liste: eine andere Frau, selbes Ergebnis.

Es ist alles so verdammt festgefahren, so vorhersehbar, einfach so verdammt öde. Selbst die Streitereien und Sorgen.

Sie liebt Finn immer noch, was das Ganze noch schlimmer machte. Ein Seitensprung wäre etwas rein Körperliches; an ihrer Liebe zu ihm kann er nicht den geringsten Zweifel haben. Nicht nach all den Jahren.

Es hatte ein Prickeln sein sollen, das das Leben zurück in ihre eingeschlafenen Glieder katapultieren sollte.

Und dann kommt auch noch ein intelligenter, gutaussehender Mann mit klaren Absichten und sie lässt ihn gehen. Schickt ihn weg!

Obwohl die Übelkeit nachgelassen hat, wird der Druck in ihrem Magen stärker. Toilette oder Bordwand, das ist jetzt die Frage.

Sie presst eine Hand auf ihren Bauch und wühlt sich mit der anderen durch die Menschenmenge. Auf der schmalen Treppe kommen ihr Jannis und die Frau entgegen. Ihre Augen glitzern fiebrig, verdächtig viel Haar hat sich aus ihrem Zopf gelöst.

Jules Augen treffen die von Jannis. Er lässt ihr den Vortritt. Täuscht sie sich oder zucken seine Mundwinkel?

Glücklich sieht er auf jeden Fall nicht aus. Vielleicht ein Fall von Orgasmus-Blues, aber das ist nun wirklich nicht ihr Problem. Dafür hat sie eigene.

Zum Glück ist die Bordtoilette frei. Es riecht nach Klo, Alkohol und Sex. Spätestens jetzt wäre ihr so oder so schlecht geworden. Sie schafft es gerade noch, die Klobrille hochzuklappen und das Porzellan abzuwischen, als sie sich schon daran festklammern muss.

Danach ist der Druck weg. Sie spült sich den Mund aus und wünscht sich, sie wäre zuhause. Wem will sie noch etwas vormachen?

Es gibt dann doch noch Bier, damit spült sie den schlechten Geschmack endgültig weg. Immerhin muss sie hier noch bis 23:00 Uhr ausharren. Welche Ironie: Sie ist hier so grenzenlos frei mit all dem Wasser um sich herum, kommt an zahlreichen Häusern, Bäumen, Straßen vorbei – und ist doch eine Gefangene.

Irgendwann sind sie auf dem Rückweg. Auch das spielt keine Rolle, der Weg ist nicht ihr Ziel, sondern die Uhrzeit: Noch dreiunddreißig Minuten.

Sie denkt an Finn. Was sagt das über sie aus, dass sie ihn so unbedingt betrügen wollte? Nicht, weil sie sich in einen anderen verliebt hätte oder so, sondern einfach nur, um es zu tun?

Sie schlendert durch die Menge, sieht kurz Isa, mit dem Kopf an einen Mann gelehnt, die Augen halb geschlossen. Sie sieht friedlich aus und aus den Augen des Mannes strahlt das pure Glück. Er ist kein Adonis und sie keine Aphrodite, doch auf beiden liegt der Zauber einer lauen Spätsommernacht.

Sie geht wieder zum Heck des Bootes. Ganz unten, wo es nur ein niedriges Schutzgitter gibt. Hier fühlt es sich noch lebendig an.

Die Musik ist jetzt leise, so leise wie das Plätschern der Wellen und der Stimmen. Wenn man sich Mühe gibt, sieht man Sterne am Himmel, die Lichter der Stadt in der Ferne.

Sehnsucht zerrt an ihrem Herz, überkommt sie. Noch einmal jung sein, durch die stille Stadt nach Hause gehen. Unvernünftig, natürlich, aber auch so unglaublich frei! Umherwandern durch menschenleere Straßen. Dann die ersten Vögel, die Morgendämmerung, die Welt hält inne.

»Oh, entschuldigen Sie!« Es ist ein Mann, den sie angerempelt hat, so viel erkennt sie. »Ich hoffe, ich habe Sie nicht erschreckt!«

»Hammse nich«, nuschelt er.

Unschlüssig schaut sie zu den Sternen. Soll sie gehen oder bleiben?

»Kenns mich nicht mehr, wa?« Der Mann ist betrunken. Sie auch. Sie mustert ihn genauer.

»Tut mir leid, Herr ...?«

»Vorn paar Stunden war ich dir nich gut genug!«, zischt

er. »Hast mich abblitzen lassn!«

Sie zuckt mit den Schultern. Ist das noch wichtig? »Tut mir leid«, sagt sie und geht an ihm vorbei, »aber ich will nur noch nach Hause zu meinem Mann.«

Das mit Finn stimmt nicht so ganz, aber es sollte den Mann davon abhalten, sie weiter zu nerven.

Nie waren die Sterne über ihr schöner – warum schaut sie sie sich nie an?

»Blöde Schlampe!«

»Wie bitte?« Sie dreht sich zu ihm um und ...

... die Welt dreht sich und sie sieht noch im Fallen die Sterne.

Dann schlägt es ihr mit Wucht auf den Rücken, Kälte zerquetscht ihre Lungen und sie wünscht, sie könnte Finn noch einmal sehen.

... starrt ihn an. Das muss sie sich ja wohl nicht bieten lassen!

Sie hebt ihre Hand, um diesem Mistkerl gehörig eine zu knallen. Doch er duckt sich irgendwie weg, der Schlag geht daneben und sie sieht noch im Fallen die Sterne. Dann schlägt es sie mit Wucht auf den Rücken, Kälte zerquetscht ihre Lungen und sie wünscht, sie könnte Finn noch einmal sehen.

... belässt es dann doch dabei. Soll er seinen Frust ruhig rauslassen, das kann sie nicht berühren.

Sie geht ein Stück weiter und lehnt sich dann an das niedrige Gitter. Hört fernes Lachen. Der Betrunkene brabbelt irgendetwas vor sich hin. Nicht ihr Problem.

Sie beugt sich vor und schaut auf die silbrig glitzernden Wellen. Sie rufen sie. Locken sie. Sie beugt sich noch weiter vor, das Gelände drückt schmerzhaft in ihren Magen. Egal.

»Komm zu uns, da draußen gibt es nichts mehr für dich!«, locken sie.

Sie weiß, dass sie betrunken ist, aber auf einmal ergibt alles einen Sinn. Es ist so verlockend, so tief, so kalt, so ewig …

»Jule, was machst du denn da?«, kreischt Isa. Vor Schreck hätte Jule fast das Gleichgewicht verloren.

Sie reißt so fest an ihrem Shirt, dass Jule Nähte reißen hört.

»Komm da weg«, stottert Isa. »Mensch, was sollte das?«

»Nichts«, murmelt Jule. Ihr Kopf wird langsam wieder klarer. Was ist nur mit ihr los?

Isa und der Mann von eben nehmen sie in ihre Mitte, gehen mit ihr wieder nach oben, führen sie weg vom Fluss.

»Auf Wiedersehen, Jule«, flüstert er.

Es gibt Dinge, die weiß man einfach.

»Auf Wiedersehen!«

Fata scribunda

Leveret Pale

Wolken wie zerlaufene Federn aus Schiefergrau überzogen den Himmel, der sich zunehmend dunkel färbte. Ein dunkler Schatten breitete sich über dem Tal zu Fuße des Hügels aus. Die Bremsen des Cadillac ächzten, als er vor dem schwarzen Gusseisentor auf dem Hügelkamm hielt. Links und rechts hinter der hohen Mauer verdeckten eng zusammengedrängte Eiben mit ihrem dunkelgrünen Mantel jegliche Sicht auf das Grundstück. Thomas stieg aus. Es roch nach Regen. Der kalte Ostwind blies durch seinen Mantel und verwirbelte die haselnussbraunen Haare. Einen Schritt nach dem anderen stemmte er sich den Abhang hoch.

Er hörte hinter sich das mehrfache Klicken einer Kamera. Aus dem Augenwinkel erhaschte er eine ihm wohlbekannte, blonde Gestalt in einer roten Jacke.

»Das ist ein Privatgrundstück. Verschwinden Sie von hier«, sagte Thomas und schloss das Tor auf.

»Aber Herr Falkenrath, nur einen Augenblick«, sagte die Blondine, die nun energisch auf ihn zukam, in der einen Hand eine Fotokamera und in der anderen ein Diktiergerät.

Thomas schüttelte den Kopf. Er schwang sich wieder in seinen Wagen und schlug die Autotür hinter sich zu.

Sie klopfte an die Scheibe.

Er trat auf das Gaspedal. Der Motor heulte auf und der Wagen machte einen Satz nach vorn. Hinter dem Tor trat Thomas auf die Bremse. Der Wagen blieb abrupt stehen. Im Kofferraum und auf den Sitzbänken schepperten die Einkäufe. Er stieg aus.

Die Reporterin stand mitten im Tor.

Der Wind zog ihre Haare zu einem langen, abstehenden Kometenschweif.

»Verschwinden Sie, Anna Arnika. Wenn Sie nicht sofort gehen, rufe ich die Polizei.«

»Nicht, bevor Sie mir einige Fragen beantwortet haben.«

»Welche Fragen? Es gibt hier nichts zu fragen.«

Anna kicherte und zeigte mit dem Diktiergerät auf ihn. »Oh, natürlich nicht. Wir wissen ja alle, wie Sie so viel schreiben; wir wissen ja alle, wie Sie leben und denken, und wir wissen alle, dass Sie eigentlich nur ein ganz normaler Kerl sind – mit einem klitzekleinen bisschen überdurchschnittlich viel Glück. Finden Sie nicht, dass das die ein oder andere Frage wert wäre?«

»Ich frage mich eher, woher Sie diese Adresse haben. Wenn Sie nicht sofort verschwinden, rufe ich die Polizei. Sie stalken mich bereits seit Wochen. Glauben Sie, ich bemerke so etwas nicht, wenn jemand dauernd bei meinen Meetings, Lesungen und Vorträgen auftaucht? Jetzt haben Sie aber eine Grenze überschritten.«

»Das tut mir leid, aber ich habe …«

»Das ist absolut irrelevant. Tempus fugit. Ich habe keine Zeit, weder für ihre Ausreden noch für ihr schmieriges Boulevardmagazin noch für ihre kruden Verschwörungstheorien. Lassen Sie uns in Ruhe. Sofort.«

Er trat auf sie zu. Sie wich hinter das Tor zurück.

»Nein, aber ich werde gehen«, sagte sie und knipste ein Foto von ihm. »Vorerst.« Und grinste.

»Ich will das nicht in einem ihrer Artikel sehen«, sagte Thomas und zog das Tor vor ihr zu. Er rammte den Schlüssel ins Schloss und drehte ihn mit einem Ruck um.

»In diesem Land herrscht noch immer Pressefreiheit, und Sie sind nun mal eine Person des öffentlichen Interesses, da kann ich Ihnen leider nicht helfen.«

Thomas schüttelte den Kopf und wandte sich um. In der Ferne donnerte es.

»Ihnen auch noch ein schönes Wochenende«, rief sie.

Er biss sich auf die Zunge.

Thomas fuhr den Cadillac die lange Auffahrt hoch, vorbei an dem Teich, dem alten verlassenen Stall und den knorrigen Bäumen, bis das auf dem Hügel thronende Herrenhaus zwischen den Bäumen auftauchte. Die Fenster des viktorianischen Gebäudes glänzten schwarz im sterbenden Licht des nahenden Gewitters, wie die Augen eines lovecraft'schen Ungetüms.

Er parkte den Wagen in der Garage neben seinem Jeep und dem kirschroten Cabrio seiner Frau. Eine Staubschicht hatte sich auf den Wagen gelegt. Er notierte sich im Geiste, ihn im Laufe der kommenden Tage wieder mal im Hof mit dem Wasserschlauch abzuwaschen. Vom Rücksitz des Cadillacs nahm er zwei volle Einkaufstüten. Mit ihnen unterm Arm betrat er das Haus und trug sie in die Küche.

»Hallo. Darling? Ich bin zuhause«, rief er, während er aus einer der Einkaufstüten einen Apfel zog, davon abbiss und wieder Richtung Garage lief, um die restlichen Tüten zu holen. Als er zurückkam, rief er noch einmal: »Darling?«

Er runzelte die Stirn, schlang zwei große Brocken vom Apfel hinunter und warf den Rest in den Mülleimer. »Schatz? Cecilia?« Er lief durchs Foyer. Sie war nicht im Wohnzimmer. Im Kamin glühten die letzten Holzscheite vor sich hin. Sie war nicht in ihrem Atelier, in dem überall noch Duftkerzen brannten, leise Ambientmusik aus den Lautsprechern rieselte und auf einem Stativ ein halbfertiges surreales Ölgemälde stand, das einen fliegenden Fisch mit Krabbenbeinen zeigte, der sich durch die Straßen Venedigs quetschte. Alles wirkte, als wäre es ungeplant verlassen worden. Sie war nicht im Wintergarten, hinter dessen Glasfront das Gewitter aufzog. Blitze spalteten grollend den Himmel. Die ersten Regentropfen prasselten gegen die Scheibe.

Er zog sein Smartphone. Unter ♥Cecilia♥ wählte er die Nummer. Zuerst geschah nichts. Thomas' Herz schlug laut. Dann hörte er es oben im ersten Stock klingeln. Er nahm zwei Treppenstufen auf einmal; mit einem Satz lief er ins Schlafzimmer. Das Handy lag auf dem Bett. Seine Frau daneben zusammengekauert; die Augen verschlossen. Das Make-up war über ihrem Gesicht verlaufen, der Lidschatten zerlief in schwarzen Krähenfüßen über ihren Wangen.

Zwischen den blonden Haaren saßen die Kopfhörer mit Noise Cancellation, die er ihr zu Weihnachten geschenkt hatte. Er streckte die Hand nach ihr aus. Sie öffnete die Augen, sie waren blutunterlaufen und voller Tränen. Er setzte sich neben sie aufs Bett. Seine Frau richtete sich auf, zog die Kopfhörer vom Kopf und schlang die Arme um ihn. Sie schluchzte. Er streichelte ihr über den Kopf und den Rücken, küsste sie sanft auf die Stirn. Heiße Tränen bildeten sich in seinen Augenwinkeln.

»Was ist passiert?«, fragte er.

»Ich hatte wieder einen Anfall, einen Flashback ... Und dann eine Panikattacke.« Sie drückte sich ganz fest an ihn. »Zum Glück bist du wieder da, Tom. Ich liebe dich.«

»Ich liebe dich auch«, sagte Thomas. Er hörte, wie seine Stimme brach. »Und ich bin immer für dich da. Du hättest mich einfach anrufen können. Ich hätte früher nach Hause kommen können.«

»Nein.« Sie schüttelte den Kopf und sah zu ihm auf. »Du kannst nicht immer wegen jedem Anfall alles liegen lassen. Das haben wir schon vor Ewigkeiten besprochen. Wir müssen funktionieren und ... Weinst du?« Sie sah zu ihm auf und strich über seine Wangen.

»Wie kann ich nicht weinen, wenn du weinst? Es zerbricht mir das Herz, dich leiden zu sehen. Und in letzter Zeit wird es immer schlimmer. Du hast fast jeden Tag Rückfälle.«

Sie schniefte. »Weine nicht. Mir ging es schon einmal deutlich schlimmer. Ich hatte in den letzten Jahren, seitdem wir zusammen sind, teilweise monatelang keine Anfälle und jetzt seit einer Woche nur ein, zwei Anfälle am Tag, wenn es hochkommt, manchmal auch gar keine. Früher, bevor ich dich hatte, waren es manchmal zwanzig am Tag. Ohne dich ... ohne dich wäre ich verloren.« Sie drückte sich ganz fest an ihn und vergrub ihr Gesicht wieder in seiner Brust.

Er legte seine Arme um sie. »Aber dieses Leiden ... Es ist schrecklich. Warst du bei deiner Therapie?«

»Ja ... aber es hilft nicht mehr. Ich mach keine Fortschritte, es wird nur schlimmer dadurch.«

»Willst du sie abbrechen?«

»Ja«, kam es dumpf aus seinem Mantel.

»Und was dann?«

»Ich weiß es nicht. Umarm mich einfach.«

Er schloss die Augen. »Wir ... wir könnten die Uhr ... Ich könnte zurückreisen und es verhindern ...«

»Nein. Auf keinen Fall.« Seine Frau hob den Kopf. »Die Zeit anzuhalten, ist eine Sache; die Reisen, um die Lotteriescheine zu gewinnen und die nächsten Aktienschwankungen zu antizipieren; ein paar Tage vordrehen und wieder zurück ... das waren bereits Abenteuer und Gefahr genug. Mein Großvater hat stets davor gewarnt. Niemals. Unter keinen Umständen darf man sie zurückstellen, um etwas zu verändern.«

Thomas seufzte. »Du tust mir so leid, Darling.«

»Nach all den Jahren noch? Die meisten Männer wären mittlerweile abgestumpft oder dessen müde.«

»Ich bin nicht die meisten. Ich bin ein Poet. Wir sind ein bisschen verrückter.«

»Das weiß ich doch.« Sie lächelte.

»Und, meine Muse? Geht es dir besser?«

»Ja.«

»Okay. Komm. Ich koche uns etwas zum Abendessen.«

Sie nickte.

Während Thomas kochte, saß Cecilia am Küchentisch und las ein Buch. Das Gewitter rollte über das Anwesen. Er schnippelte die Kartoffeln und sah durch die Sturzbäche nach draußen. Irgendwo hinter der Wasserwand waren die Stadt und ihre lästigen Bewohner. Lichtrisse fuhren durch den schwarzen Himmel. Der Donner kam näher. Finsternis. Sie bestimmt noch immer mein Leben, dachte er, dabei leuchtet es doch von Jahr zu Jahr heller. Wie ein Schatten klebte sie an seinem Rücken und fuhr mit ihren kalten Fingern über seinen Nacken, flüsterte und grinste hämisch. Er sah das Küchenmesser in seiner Hand an. Es schien rötlich zu schimmern. Für einen kurzen Moment drehte sich der Raum um ihn, alles schien zu verschwimmen und sich aufzulösen. Er schloss die Augen. Als er sie wieder öffnete, bekam er eine Gänsehaut. Er sah das Messer an. Es hatte seinen roten Glanz verloren, aber eine Idee in seinem Kopf zurückgelassen.

»Morgen halten wir wieder an, oder?«, fragte Cecilia plötzlich.

»Ja. Das neue Manuskript muss bis Dienstag fertig sein.«

»Manchmal frage ich mich, ob es das alles wert ist.«

»Ist es. Nur noch ein paarmal, und unser Œuvre ist vollbracht.«

Nach dem Essen duschten sie gemeinsam, seiften sich gegenseitig ein und küssten sich unter dem Wasserstrom, und sie küssten sich auch noch auf dem Weg zum Bett, und auch noch, als sie darin lagen. Sie kuschelten sich zusammen, bis nach einiger Zeit die Bewegungen stoppten, Cecilia ihren Kopf an seine Brust legte und einschlief. Nachdem ihr Atem gleichmäßig ging und ihr Gesicht entspannte Züge annahm, hob er sie vorsichtig an, befreite sich aus ihrem Klammergriff und erhob sich. Das Gewitter hatte sich aufgelöst. Doch noch immer zerplatzten einzelne Tropfen auf der Scheibe, aber mitten in der Wolkendecke klaffte eine Wunde, durch die der Mond auf die Erde herabsah. Thomas seufzte und sah zu der silbernen Scheibe auf.

»Hast du einen Rat für mich?«

Der Mond schwieg aber, und so schloss Thomas die Augen und meditierte darüber, was er tun sollte, wie er mit der posttraumatischen Belastungsstörung seiner Frau und seinem Leben weitermachen sollte. Eine Idee, die er bereits oft hatte, biss sich dabei immer fester in seinen Verstand, bis sie ihn ganz einnahm. Er sah seine schlafende Frau an. Für sie würde er es riskieren, beschloss er. Er gab ihr einen Kuss auf die Wange und schmiegte sich wieder an sie.

Beim Frühstück fragte ihn Cecilia: »Heute tun wir es wieder, oder?«

»Anhalten? Ja«, sagte er und schlürfte seinen Kaffee.

»Ich fühl mich nicht so wohl dabei.«

»Wir haben es doch bereits so oft gemacht.«

»Eben. Es wird mir langsam zu oft. Wie alt sind wir eigentlich noch? Sechsundzwanzig und achtundzwanzig auf dem Papier; aber wie alt sind unsere Körper, unsere Seelen wirklich?«

»Na ja, mehr als zwei, drei, vielleicht vier, maximal fünf Jahre zusätzlich werden es nicht sein.«

»Und ist es das wert?«

»Sieh dich um. Wir sind reich. Das Haus ist renoviert und modernisiert. Wir müssen nicht vom Erbe deines Großvaters leben, sondern haben ein eigenes Vermögen, das mittlerweile so groß ist, dass wir es wahrscheinlich nie ausgeben werden. Wir sind berühmt und auch, wenn der Ruhm seine Nachteile hat, bringt das noch mehr Macht und Geld und man wird uns beide niemals vergessen.«

»Hätten wir das nicht alles auch langsamer erreichen können?«

»Ich bezweifle es. Wir leben in schnellen Zeiten. Wer die Leser und das Publikum nicht konstant mit neuen Produkten beliefert, wird viel zu schnell vergessen. Durch unsere hochqualitative Massenproduktion sind wir aber immer präsent. Kognitive Leichtigkeit. Unsere Ideen prägen die Welt, wie die keines Intellektuellen vor uns, nicht weil sie unbedingt besser sind, sondern weil sie öfter kommen. Aber das haben wir alles bereits besprochen.«

»Ja, haben wir. Aber ich habe genug, und du solltest auch genug haben, denn so führt das zu nichts. Arbeiten ist nicht dein causa sui, es sollte dem Leben dienen, nicht dein Leben sein. Ich will etwas reisen, im Jetzt leben, nicht im Limbo. Wir haben genug gearbeitet, um den Rest unseres Lebens entspannt zu verbringen. Weniger Stress … würde auch zu weniger Anfällen führen.«

Thomas seufzte und nickte. »Ja, du hast wohl recht, Darling.« Er stellte den Kaffee ab und griff nach ihrer Hand, führte sie zum Mund und küsste sie. »Wahrscheinlich tut es uns gut, wenn wir uns mal eine Auszeit nehmen.«

»Und noch etwas, Thomas.«

»Ja?« Er küsste die Hand noch einmal.

»Ich möchte ein Baby.«

Er hielt inne. »Sicher?«

»Ja. Noch nicht jetzt, aber wenn wir uns niedergelassen haben und zur Ruhe gekommen sind.«

Er atmete tief aus, gab ihr noch einen Kuss auf den Handrücken und rieb mit der anderen Hand darüber.

»In Ordnung, Darling. Und was machen wir mit dem Manuskript, das ich Dienstag bei Falkner abgeben muss?«

»Musst du absagen oder allein machen.«

»Ich kann nicht absagen.« Er ließ ihre Hand los. »Kannst du nicht noch das eine letzte Mal? Bitte.«

»Nein. Es tut mir leid, aber ich kann nicht mehr. Ich kann nicht nochmal in diesen Limbo. Es macht mich fertig.«

Er nickte. »In Ordnung. Dann muss ich etwas härter arbeiten, wenn meine Muse fehlt, aber wenn ich mir etwas mehr Zeit dafür nehme, sollte das klappen. Und was machst du dann?«

»Ich werde draußen warten. Ist für mich nur ein Augenblick.«

»Für mich aber eine lange, einsame Zeit.«

»Wenn es dir das wert ist, dieses Projekt unbedingt abzuschließen …« Sie hob die Handflächen nach oben.

»Du hilfst mir aber zumindest bei der Vorbereitung.«

Er holte die Salzpackungen aus der Vorratskammer und stellte sie auf den Küchentisch. Sie nahmen sich mehrere Beutel und begannen zusammen den Salzkreis durch das Haus zu ziehen.

Tief gebeugt lief er über das Parkett und verteilte sorgfältig eine dicke Linie der glitzernden Salzkristalle; eine Packung nach der nächsten aufreißend und wegwerfend. Die Kristalle erinnerten ihn an seine Studienzeit, als er noch Amphetaminkristalle zerstampft und durch die Nase gezogen hatte. Auch eine Methode, die Zeit zu straffen und in Kürze viel mehr zu schreiben als ein normaler Mensch – und eine Methode, der er sich noch immer ab und zu bediente, wenn auch nicht mehr aus Notwendigkeit, sondern aus Gemütlichkeit. Aber Amphetamin war noch gar nichts im Vergleich zu dem, was er nun tun würde.

Er lief vom Foyer über die Küche durchs Wohnzimmer und zog die Linie durch ihr Arbeitszimmer und das Atelier seiner Frau, bis er Cecilia beim Wintergarten traf und sich ihre Linien vereinigten.

»Ah, das wird wieder eine schöne Arbeit mit dem Staubsauger werden«, sagte sie und schüttelte die letzten Reste Salz aus.

»Die mache doch eh immer nur ich.«

»Das stimmt«, sagt sie und kicherte. »Okay. Ein letztes Mal. Ich werde dich vermissen.«

Sie schlang ihre Arme um ihn und sie küssten sich.

In der Mitte des Wohnzimmers thronte gegenüber dem Kamin eine massive Standuhr, in deren eckigem Kopf auf einem Ziffernblatt die Zeiger ihre Runden drehten. Im Zentrum befand sich eine achteckige Einbuchtung. Thomas zog einen Schlüssel aus seiner Hosentasche, der mit einer Kette an seinem Gürtel verbunden war, und kniete sich hin. Mit dem Schlüssel öffnete er ein kleines Fach im Fuße der Standuhr, aus der er eine hölzerne Kurbel entnahm.

Er richtete sich wieder auf und atmete tief durch, dann steckte er die achteckige Spitze der Kurbel in die Uhr. Ein Klicken im Mechanismus ertönte und abrupt blieben die Zeiger stehen. Thomas ließ die Kurbel los. Die Uhr stand still, und so tat es die Welt.

Ein absolutes Schallvakuum umgab ihn; er hörte keinen Wind von draußen, keine Vögel; höchstens das Summen des Stromgenerators im Keller, aber selbst dessen war er sich nicht sicher. Das Fehlen jeglicher Hintergrundgeräusche fühlt sich jedes Mal beklemmend an, als hätte jemand ihm das Mark aus den Knochen gesaugt. Er lief zum Foyer und sah aus dem Fenster.

Die Wolken hingen wie gefrorene Eismassen am Himmel. Ein Vogel klebte in der Luft. Seine Frau stand auf dem Feld draußen; ihr Haar eine erstarrte Textur im Wind. Das Gesicht von ihm abgewandt. Er trat näher heran, die Luft kräuselte sich vor ihm, und er schreckte zurück. Er stand bereits an der Salzlinie, die die Grenze seiner Zeitsphäre markierte.

»Oh, Cecilia.« Er seufzte. »Wie soll ich nur arbeiten und meine Projekte voranbringen, wenn du draußen stehst, und ich alleine bin und nichts anderes im Kopf habe als dich?«

Thomas ergriff die Kurbel am Ziffernblatt der Standuhr. Er schloss die Augen. »Ich liebe dich Cecilia, und ich tue es nur für dich. Verzeih mir.« Ein letztes Mal machte er sich aller möglichen Risiken bewusst. Für einen Augenblick kam ihm der Gedanke, dass Cecilia und er möglicherweise niemals zusammengekommen wären, wenn sie nicht als Kind traumatisiert worden wäre. Aber er wischte den Gedanken beiseite. Sie waren Seelenverwandte, daran glaubte sie ... und über die Jahre hatte auch er diesen Glauben angenommen. Sie hätten so oder so zusammengefunden, und so oder so hätten sie sich zusammen das hochproduktive und erfolgreiche Leben aufgebaut. Und selbst wenn nicht, für seine Liebe zu ihr, und dafür, dass sie niemals leiden sollte, war es wert, jedes Risiko einzugehen.

Er atmete einmal tief durch, dann drehte er an der Kurbel rückwärts. Mit einem Knirschen setzten sich die Zeiger in einem rasenden Ticktack in Bewegung. Vor den Fenstern verschwamm die Welt.

Er ließ die Kurbel los. Er hatte die Uhr um sechs Stunden zurückgestellt, draußen herrschte Nacht, erstarrte Blitzkristalle ragten aus der Finsternis, die Wände leuchteten in einem gespenstischen Licht, die Stadt war eine ferne Honigwabe am Horizont. Es funktionierte. Er atmete tief durch und griff noch einmal nach der Kurbel.

Der Strom der Zeit raste um die Sphäre. Thomas drehte und drehte gegen den Uhrzeigersinn und zählte die Tage, jede Umdrehung ein halber Tag. Insgesamt 15367 Umdrehungen, so hatte er ausgerechnet, um an den Tag des Vorfalles zu landen; drei Stunden rastloses Drehen und Drehen.

Er wollte keine Pause einlegen. Er fürchtete, was passieren könnte, wenn er in der falschen Vergangenheit landete oder mit einem vorherigen zeitreisenden Ich zusammentraf. Und so drehte und drehte er. Der Schweiß perlte von seiner Stirn; sein Atem ging schwer, kaum dass er die ersten fünfhundert erreicht hatte, aber er biss sich auf die Lippen. *Für dich, meine Cecilia, damit du erlöst wirst von deinem Leiden.*

Er kreiselte seinen tauben Arm und ballte und öffnete die Faust, um das Blut zurück in seine verkrampften Muskeln zu pumpen. Als die Schmerzen nachließen, schüttelte er den Arm aus und zog die Kurbel aus dem Ziffernblatt und steckte sie in seinen Hosenbund. Die Uhr setzte ihren gewohnten Tick-Tack-Lauf wieder fort.

Verstohlen blickte er sich um. Niemand zu sehen. Die ersten orangen Finger des Morgenlichts stahlen sich durch die Fenster des Wohnzimmers, das er seit Jahren bewohnte, und doch war es anders. Die Luft fühlte sich anders an, die Atmosphäre, die durch die Fenster strömte, schmeckte anders. Er befand sich in einer Zeit, in die er nicht gehörte. Er warf einen Blick auf die Uhr. Es war exakt Viertel nach sechs, beinahe zwanzig Jahre vor dem Tag, an dem er aus dem Cadillac steigen und von Anna Arnika belästigt werden würde. Aber nur wenige Minuten vor dem Vorfall. Er musste sich beeilen.

Als er hinaustrat, bemerkte er etwas in seinem Augenwinkel, das ihn irritierte und drehte sich um. Das Haus war irgendwie anders. Er runzelte die Stirn und dann realisierte er, dass die Fassade nicht mitgereist war; und nun sah er die alte, unrenovierte, mit Efeu und Schmutz überzogene Hauswand.

Ein kaltes Kribbeln fuhr durch sein Rückenmark. Er wandte sich ab und lief den Abhang und einen kleinen Trampelpfad hinab, der zu dem Teich nahe der Mauer führte. Genau dort würde der Schuft, der seine Frau traumatisiert hatte, hinwegklettern, und genau dort würde ihn Thomas für all das Leid bestrafen, dass er seiner zukünftigen Frau zufügen würde. Er erreichte den Teich und kauerte sich schweratmend in den Schatten der Bäume hinter ein Gebüsch. Sein Puls raste, als er das Messer aus der Hosentasche zog. Er lauerte auf sein Opfer, diesen Mistkerl. Er wartete und wartete, und die Sonne stieg immer höher. Wie eine Ameisenherde kribbelte die Aufregung unter seiner Haut und in seinen Gefäßen und ließ ihn unruhig sein Gewicht von einem Fuß auf den anderen verlagern.

Seine Schenkel taten weh und er wollte gerade aufstehen, um sich die Beine zu vertreten, als er ein Rascheln und das Brechen von Ästen, gefolgt von einigen rauen Flüchen in Romani vernahm.

Thomas biss sich auf die Lippen. *Reckszigeuner*, dachte er. Seine Augen fuhren rastlos über den Mauerrand, der sich deutlich vor dem Grün der Bäume abzeichnete. Verschmutzte Finger streckten sich über die Mauer und krallten sich fest, eine zweite Hand folgte und dann ein großer Kopf mit fettigen schwarzen Haaren, die dem Mann an den Wangen klebten und bis zu seiner Brust reichten, der in einem zerrissenen grauen Shirt steckte. Er sprang ab und landete wenige Schritte vor Thomas' Versteck.

Thomas schloss die Augen, atmete tief durch, dann stürzte er nach vorn. Der Mann konnte gerade noch erschrocken die Hände heben, sodass der Schwung der Klinge die Schlagadern seiner Hand durchtrennte. Eine Blutfontäne spritze hoch und folgte der Klinge in einem roten Halbmond.

Der Schmerzensschrei erstickte in einem Gurgeln, als Thomas' zweiter Stich die Kehle aufschlitzte. Der Landstreicher ging zu Boden, die Hände um den Hals geklammert, aus dem der scharlachrote Lebenssaft sprudelte. Thomas stach wieder und wieder zu. »Du verfluchtes Dreckschwein«, schrie er, und rammte die Klinge dem toten Körper in die rechte Augenhöhle. Es gab ein lautes Knirschen. Die Klinge blieb stecken.

Er trug den Leichnam auf seinem Rücken bis zum Teich. Die Fleischfetzen klebten an seinem Hemd fest und das heiße Blut durchdrang den Stoff und lief an seinem Körper hinab. Er wuchtete den Körper keuchend ans Ufer. Tief durchatmend zog er die große Mülltüte und das Seil aus seiner Hosentasche, stopfte die Überreste samt Steinen aus der Umgebung hinein und band sie zu.

Einige vereinzelte Luftblasen auf der Wasseroberfläche waren das Letzte, was Thomas von seinem Opfer sah, bevor es in dem tiefen Teich versank.

Er blickte sich um, doch er konnte niemanden außer ihm auf dem Gelände ausmachen. Sie waren wohl alle noch in dem Gebäude, das nun durch die Zeitbarriere aus der Zukunft besetzt war. Wie sich das auf sie auswirkte? Er schüttelte sich, um nicht genauer darüber nachdenken zu müssen, und machte sich daran, mit einem Gartenschlauch das Blut vom Rasen und Ufer wegzuspülen, und so gut es ging, aus seiner Kleidung zu waschen.

»Du bist ein Narr.«

Thomas zuckte zusammen. Hinter ihm auf dem Pfad zu der Villa stand ein kleiner, verschrumpelter Mann in einem blauen Mantel. Seine Augen waren wie schwarze Mandeln, die ihn unter den weißen, geschwungenen Augenbrauen anfunkelten.

»Wer sind Sie?«

»Wenn du dir das nicht einmal zusammenreimen kannst, bist du ein größerer Idiot, als ich gerade noch angenommen habe. Weißt du, was du angerichtet hast? Als Schriftsteller solltest du wissen, dass man die *fata scribunda* nicht ändern kann. Der Turm erzittert unter deinen Taten; unzählige Realitäten wurden zerstört, verändert und neu geschaffen. Pfeiler sind gebrochen.«

»Wovon reden Sie?« Thomas' Finger zitterten.

»Ah, du wirst es schon sehen. Leben hast du verändert und vernichtet, und der Parzen Webspiel verknotet und verwirrt, aber nun, nun hast du einen Knoten in deinen eigenen Faden gewebt.« Der alte Mann kicherte. »Lauf, du Narr.« Das Kichern schwoll zu einem höhnischen Gelächter an, das so hoch und schrill war, dass es sich wie ein Eiszapfenschauer durch Thomas fraß und er mit rasendem Herzen davonlief.

Er drehte und drehte erneut; das Blut tropfte aus den Wunden seiner geschwollenen Hände; Stunden vergingen und er zählte und zählte. In seinem Körper schwankte alles und die Erschöpfung nagte an ihm. Tausende Gedanken rasten durch seinen Verstand, seine Beine waren wie Pudding und gaben immer wieder nach, doch dann schaffte er es.

»Fünfzehntausenddreihundertfünfundsechzig«, murmelte er, keuchte und drehte nochmal, wechselte den Arm in einer fließenden Bewegung das letzte Mal, 15366 und 15367. Er ließ den Griff los. Seine Hände zitterten. Der bunte Wirbel um ihn herum erstarrte schlagartig und die harten Kanten des Wohnzimmers wuchsen heraus. Vor ihm stand das Sofa, auf dem seine Frau lag und auf ihr eine zweite

Frau, mit langen blonden Haaren, die ihr ins Gesicht fielen. Sie küssten sich. Cecilias Hand fuhr die Hüfte der anderen hinab. In Thomas zog sich alles zusammen. Ein Schwindelgefühl überkam ihn, und es war, als würde sein Verstand einen galaktischen Abfluss hinuntergesaugt und mit den Bildern einer anderen Realität vermischt werden.

Cecilia öffnete plötzlich die Augen und erblickte Thomas, der vor Blut und Schweiß triefend hin und her schwankte. Sie schrie. Und im selben Augenblick schrie er, denn sein Verstand realisierte, was er sah. Die Blondine sah ihn an, es war Anna Arnika.

»Was tun Sie hier?«, kam gleichzeitig aus ihren beiden Kehlen.

»Was ich hier tue? Sehen, wie Sie in meinem Haus mit meiner Frau rummachen!«, brüllte Thomas.

»Ihrem Haus? Ihre Frau?«, fragte Anna.

Thomas sah sie verwirrt an.

»Wer sind Sie?«, fragte Cecilia. Sie klammerte sich verängstigt an Anna.

»Moment! Ich kenn Sie«, rief Arnika. »Sie sind doch dieser Reporter von der *Blatt*; diesem dreckigen Boulevardmagazin. Ich habe Ihnen doch gesagt, dass ich die Polizei rufen werde, wenn Sie noch einmal hier auftauchen!«

»Nein ... nein ... Was?«, stammelte Thomas. Die Bilder schwankten in seinem Kopf; wie ein Tsunami überrollten ihn die widersprüchlichen Erinnerungen, und auf ihrem Kamm raste der Gletscher aus Angst, der sein Herz zerschmetterte. Er drehte sich um und griff nach der Kurbel. Er musste sofort zurück, er musste sich selbst aufhalten, er musste ... Es gab ein lautes Knacken. Plötzlich hielt Thomas die Kurbel in der Hand. Tränen fielen neben ihr zu Boden, als er sich schreiend auf die Standuhr stürzte und versuchte, an den Zeigern zu drehen. Sie schnitten in das Fleisch seiner Finger und bewegten sich erbarmungslos weiter. Weinend sank er auf die Knie, die Standuhr fest umklammernd. Hinter sich hörte er, wie die beiden Frauen die Polizei riefen. Nein, das konnte nicht sein. Er sprang auf und stürzte sich durch den Tränenschleier auf Cecilia.

»Darling«, schrie er. »Erkenne mich doch, ich bin es, Thomas, die Liebe deines Lebens. Du bist meine Muse. Wir sind verheiratet …« Er konnte spüren, wie sich Schaum in seinem Mund bildete. Irgendein Teil seines Verstandes sagte ihm, dass das alles sinnlos war, dass er verloren hatte, dass er gerade durchdrehte. Aber der Teil seines Herzens, der vor Verzweiflung schrie, war lauter. Und dieser Teil war es auch, der die Faust in Annas Schläfe versenkte, als sie sich schützend vor Cecilia stellte. Die Blondine ging mit einem ekelhaften Knirschen zu Boden. Blut breitet sich über dem Parkett aus. Cecilia schlug die Hände vors Gesicht und weinte. Thomas packte sie an den Armen.

»Erkenne mich doch!«, schrie er ihr ins Gesicht. »Ich bin es!« Dabei wusste er nicht einmal mehr, wer oder was oder wo er war. Alles verschwamm, versank in dem tosenden Wellenstrudel der kollabierenden Realitäten. Über allem thronten die lachenden Mandelaugen.

Cecilia kreischte. Blaulicht flackerte durch die Fenster.

Die berühmte, mit vielen Preisen und Auszeichnungen dekorierte Schriftstellerin, Regisseurin und Intellektuelle Anna Arnika, welche wie niemand sonst mit ihrem gewaltigen Werk die Populärkultur der letzten Jahre geprägt hat, wurde am Mittwoch in Anwesenheit von tausenden Fans, Prominenten, Verlegern und Politikern beigesetzt.

Ihrem Mörder, Thomas Falkenrath, ein arbeitsloser Journalist, wurde katatone Schizophrenie diagnostiziert. Er wurde aufgrund verminderter Schuldfähigkeit in einer forensischen Psychiatrie untergebracht.

Bei dem Vorfall erlitt Arnikas Lebensgefährtin Cecilia Moria einen Nervenzusammenbruch und befindet sich seitdem wegen einer posttraumatischen Belastungsstörung und Panikattacken in psychiatrischer Behandlung.

Der Zweifel

Monika Loerchner

»Es sind immer die Götter, die unser Leben durcheinanderbringen«, schnaufte Elmar und schaute die anderen vielsagend an. »Mal hü, mal hott, man weiß doch nie, was einen als Nächstes erwartet.«

Azeem, der Jüngste der Truppe, wandte sich ein wenig von ihm ab. »Du sollst nicht so über die Götter sprechen, das schickt sich nicht! Willst du, dass sie ihren Zorn über uns bringen?«

Elmar seufzte schwer und setzte sich neben die anderen beiden. Er holte ein paarmal hörbar Luft, als wolle er etwas mitteilen, beließ es dann aber jedes Mal bei einem Schnaufen. Azeem und der – nicht mehr ganz so junge – junge Mister Summer waren derlei schon gewöhnt und störten sich nicht daran; Elmar gehörte zu denen, die ohne eine gewisse Grundtheatralik einfach nicht auskamen. Er war einfach nicht *glücklich*, wenn er nicht auf ein gewisses Tagespensum an Jammerei kam.

»Manchmal«, verkündete Elmar schließlich verdrossen, »habe ich das Gefühl, dass uns die Götter gar nicht zuhören, mehr noch, dass sie uns gar nicht verstehen *können*!«

Das war selbst für den jungen Mister Summer zu viel. »Bist du irre?«, bellte er. »Wie kannst du es wagen, so etwas zu sagen? Dass die Götter uns nicht verstehen könnten – das ist Blasphemie!«

Er stand auf und lief hin und her. »Wie kommst du nur auf diese absurde Idee? Wenn uns die Götter nicht verstehen könnten, dann wäre ... dann wäre ...«

»... dann wäre alles umsonst«, half ihm Azeem kummervoll aus.

»Dann wäre ja nun wirklich alles und jeder sinnlos. Wozu wäre das Leben dann gut?«

»Muss das Leben denn überhaupt zu etwas gut sein?«, schnaubte Elmar.

Azeem schnappte erschrocken nach Luft. »Aber natürlich!«

»Vielleicht, vielleicht aber auch nicht.«

Mister Summer schaute wütend auf den sitzenden Freund herab.

»So ein Gerede ist unser nicht würdig, und deiner auch nicht. Was ist nur los mit dir? Wir alle führen ein gutes Leben. Du hast ein schönes Heim, immer genug zu essen und zu trinken. Und wenn es dir schlecht geht – und jetzt sei bitte ehrlich – haben dich die Götter da je im Stich gelassen?«

»Nein«, musste Elmar zugeben. »Du hast recht, es geht mir gut. Aber ist das wirklich genug?«

Azeem legte den Kopf schief. »Was willst du denn noch? Und wie kommst du darauf, dass die Götter unser Leben durcheinanderbringen? Ich gebe zu, dass sie schon oft etwas von mir verlangt haben, das ich nicht verstanden habe. Aber so ist das nun mal: Ihr Tun bleibt unserem Sinn oft verborgen. Immerhin sind sie die Götter und wir bloß –«

»Und das findest du gerecht?« Jetzt kam Elmar in Fahrt. »Dass SIE über alles bestimmen, und uns bleibt nichts, als ihren Befehlen zu folgen und ihnen blind zu vertrauen?«

Mister Summer nickte gewichtig. »Das ist es, was Glauben ausmacht. Genau das, alter Freund. Mal ehrlich: Wenn wir nicht mehr daran glauben, dass die Götter uns zuhören, wenn wir an ihrer Weisheit und ihren Befehlen zweifeln, dann ... dann bleibt doch nichts mehr?«

»Aber wie könnte jeder Gott und jede Göttin allwissend und weise sein?« Azeem atmete tief durch und fuhr dann zaghafter fort: »Immerhin gibt es viele von ihnen und sie scheinen sich nicht immer einig zu sein. Wer sagt, dass meiner der einzig Wahre ist?«

»Das ist auch so eine Sache.« Mister Summer nickte. »Jeder von uns hat seinem Gott oder seiner Göttin Treue und blinden Gehorsam geschworen. Was aber, wenn sich zwei Götter widersprechen?«

»Genau. Und wie können dann irgendwelche Regeln allgemein gültig sein, außer der, dass jeder auf seinen Gott zu hören hat?«

»Ich weiß es nicht.« Elmar ließ den Kopf hängen. »Vielleicht ist das alles auch nur ein Test und man kann sich in Wirklichkeit auf gar nichts mehr verlassen. Man kann nur sein Leben leben, wie man es für richtig erachtet, und ob die Götter einen nun belohnen oder bestrafen, liegt nur begrenzt in unserer Macht.

Vielleicht machen sie auch einfach, was sie wollen und scheren sich weder groß um das, was wir sagen, noch um das, was wir tun. Die Götter mögen allmächtig sein und vielleicht gab es mal eine Zeit, in der sie uns zugehört haben. Aber das ist lange vorbei, glaubt mir.«

»Ich werde dir nicht mehr länger zuhören«, erklärte Mister Summer. »Mag sein, dass unser Verstand zu klein ist, das Wesen der Götter zu erfassen und zu verstehen, was sie von uns wollen. Aber das ist noch lange kein Grund, so daherzureden. Ich glaube fest daran, dass die Götter uns noch zuhören, und auch, wenn ich die Befehle meines Gottes und der anderen nicht immer verstehe, heißt das nicht, dass sie uns aufgegeben haben. Suhl dich von mir aus in deinem geheuchelten Elend, Elmar. Sag

Bescheid, wenn du wieder vernünftig geworden bist. Aber bis dahin lass mich in Ruhe!« Mister Summer kehrte Elmar den Rücken.

»Oh«, machte Elmar, nun doch etwas bedrückt, »jetzt ist er sauer.«

»Das gibt sich sicher wieder«, erwiderte Azeem halbherzig.

»Schon gut, Kleiner!« Elmar schüttelte den Kopf. »Ich habe mich ja wirklich etwas hinreißen lassen. Ich sollte meinem Gott danken und das solltest du auch tun. Mister Summer hat schon recht: Wir alle haben ein liebevolles Zuhause, uns allen geht es gut. Wie könnte es dann anders sein, als dass unsere Götter uns lieben?«

Mit diesen Worten ließen Elmar und Mister Summer Azeem allein und verwirrt zurück.

Zuhause angekommen wollte sich die sonst so gewohnte Behaglichkeit einfach nicht einstellen. Der Gedanke, dass die Götter ihnen gar nicht mehr zuhören könnten, hatte sich in Luke Herz eingenistet und Zweifel gesät, der wie ein Jucken von innen kam.

Nach einer Weile gab er es auf und ging zu den Brüdern. Sie thronten wie immer weit über ihm, saßen Schulter an Schulter und dösten vor sich hin.

»Ahhh«, sagte Leon nach einer Weile und nickte Azeem zu. »Eben noch träumte ich von den bunten Schreien und den schrillen Farben eines Regenwaldes!«

»Woher willst du denn wissen, wie es in einem Regenwald aussieht?«, schimpfte Azeem liebevoll. »Du bist doch noch nie dort gewesen.«

Leon pfiff ärgerlich. »Ach, halt doch den Schnabel! Woher willst du das wissen?«

»Weil ich mein ganzes Leben lang nicht von deiner Seite gewichen bin, du Grünschnabel!« Luke legte seinen Kopf an Leons Schulter.

»Nun denn, junger Freund«, wandte sich Leon endlich an Azeem. »Womit können wir dir heute dienen?«

Azeem kratzte sich hinter dem Ohr. »Meint Ihr, dass ...«

»Nur raus mit der Sprache, Kleiner!«

»Meint Ihr, dass die Götter uns noch zuhören, wenn wir zu Ihnen sprechen?«

»Du meine Güte!«, sagte Luke und kicherte. »Wie kommst du denn auf solche Ideen?«

Sein Bruder schüttelte den Kopf. »Ich wette, das war wieder Elmar, dieser alte Hund. Weißt du noch damals, als er Azeem diesen Floh ins Ohr gesetzt hat?«

»Als wäre es gestern gewesen. Schließlich hatten wir alle darunter zu leiden.« Leon seufzte. »Also?«

»Ja.« Azeem schaute betreten zu Boden. Er kam sich schäbig vor, wenn auch ohne Absicht, seinen älteren Freund verraten zu haben. »Er meint das gar nicht böse, es ist nur –«

»Solche Zweifler sind uns nicht fremd«, schnaubte Luke. Er wies auf alles um sich herum. »Die Götter haben all das hier geschaffen. Sie sorgen für uns, es mangelt uns an nichts. Und wenn wir Kummer haben oder Schmerzen leiden, dann kümmern sie sich darum, dass es uns bald wieder besser geht.«

»Manchmal aber auch nicht«, warf Azeem ein. »Eurer Schwester haben sie nicht geholfen.«

Leon schaute Azeem betrübt, aber gefasst an. »Wir müssen alle einmal sterben, kleiner Freund. Nur die Götter wissen, wie lange jedem von uns Zeit in dieser Welt gegeben ist, bevor wir unsere Körper verlassen und in die nächste hinüber wandern.«

»Glaubst du denn, die Götter hören uns noch zu?«

»Natürlich!« Luke nickte. »Das tun sie, kleiner Freund, ganz zweifellos. Überleg doch mal: Wie sonst wäre es möglich, zu träumen?«

»Oh ja«, bestätigte Leon. »Du bist noch jung, aber wir sind schon länger hier und ich sage dir: Vertrau auf die Götter! Tu, was immer sie dir sagen, bemühe dich stets, ihrem Willen zu dienen. Verlass dich auf ihre Liebe und Güte.«

»Hör auf zu zweifeln«, sagte Luke freundlich. »Hab Vertrauen, befreie dich von deiner Angst. Natürlich hören uns die Götter zu – wie sollte es auch anders sein?«

Ruckartig hob Azeem den Kopf, ein Schlüssel schabte im Türschloss. »Ich muss los, danke!«

Und schon hechtete er davon.

»Wenn ich das nächste Mal Elmar sehe, ziehe ich ihm das Fell über die Ohren!«, schnatterte Luke empört.

»Ach, lass gut sein«, meinte Leon und steckte seinen Kopf unter den rechten Flügel. »Lass uns lieber zusammen ein Schläfchen machen und vom Regenwald träumen.«

Die Lüge

Monika Loerchner

»Weil ich mich in ihn verliebt habe.«

Das Geständnis fällt mir grässlich schwer. Oliver sieht mich schon seit drei Stunden nicht mehr an. Nicht mehr, seit ich ihm meinen Seitensprung gestanden habe.

Es heißt, die Wahrheit zu sagen, verschaffe einem ein Gefühl der Erleichterung. Ich kann das nicht bestätigen. Ich fühle mich scheußlich und schuldig, dass ich meinem Mann so etwas antue, und gleichzeitig seltsam leer. Es ist, als wäre ich nichts weiter als ein Zuschauer, unbeteiligt, emotionslos, der durch eine fremdartige Macht immer wieder in den Körper dieser Frau gezwungen wird. Den Körper der Ehebrecherin, Lügnerin und Betrügerin.

Der Schwangeren.

Die Geste ist so uralt wie die Menschheit selbst und als ich meine Hände über meinem Unterbauch zusammenlege, spüre ich die Macht, die in ihr liegt. In mir wächst Leben.

»Was hat er, was ich nicht habe?«

Die verzweifelte Frage aller Betrogenen.

»Nichts«, antworte ich. »Du bist perfekt!«

Selbst für mich schmecken diese Worte schal und abgestanden.

»Es ging dabei nie um dich«, versuche ich es noch einmal. »Er hat eine Seite in mir berührt, die du nie berührt hast. Er hat etwas in mir geweckt, das nicht mal geschlafen hat, sondern vorher schlichtweg nicht da war. Ich weiß, du willst eine Erklärung, aber besser kann ich es nicht ausdrücken.«

Wieder lässt sich Oliver auf den Sessel sinken. Wieder hält er sich die Hände vors Gesicht und weint. Das ist das Schwerste. Wenn er gleich aufspringt und mich wüst beschimpft, werde ich wieder diejenige sein, die weint.

Dazwischen ein kleiner Moment der Klarheit.

»Hättest du es mir auch gesagt, wenn er dich nicht geschwängert hätte?«

Was ist Wahrheit? »Ja!«

Gehässig: »Ach ja? Auch, wenn ich nicht steril wäre? Wenn du es mir hättest unterschieben können?«

»Oliver! Kennst du mich denn gar nicht?«

»Nein.«

»...«

»Ich weiß es nicht.«

Seine Ratlosigkeit bricht mir das Herz. Ich verstehe seine Wut und seine Trauer, aber seine Ratlosigkeit macht mir angst.

»Oliver? Ich liebe dich! Ich schwöre dir, das ist die Wahrheit. Ich liebe dich von ganzem Herzen! Bitte lass es uns noch einmal versuchen.«

Mein Mann lacht bitter. »Zu ihm kannst du ja schlecht.«

Ich zucke zusammen. »Das ist unter deinem Niveau. Oliver, der Mann ist tot!«

Oliver verzieht seinen Mund zu einem gehässigen Grinsen. »Der Mann, jetzt willst du nicht mal mehr den Namen deines Liebhabers aussprechen? Peter, Peter, Peter, er heißt – oder vielmehr hieß – Peter, Peter, Peter. Na, siehst du, ist doch gar nicht so schwer, wenn ich kann, kannst du es auch, Liebste.«

In der Anrede liegt so viel Gemeinheit, dass ich es nicht mehr aushalte. Ich drehe mich um, damit Oliver die Träne nicht sieht, die mir über die Wange rollt, kann aber nicht verhindern, dass ich aufschluchze. Ich halte mir die Hand vor den Mund, aber diese eine, einzige Träne hat den Damm zum Einsturz gebracht. Ich schluchze noch einmal. Neue Tränen strömen mir in die Augen, machen mich blind. Gleiten wie die Finger eines Konzertpianisten über meine Wangen und tropfen zu Boden.

Mein Schluchzen hat nichts Leises mehr an sich. Ich weine so laut, wie ich es zuletzt getan habe, als ich am frischen Grab meiner Mutter stand. All der Schmerz in meiner Brust bricht hervor und ich weine und weine und kenne kein Halten mehr.

Ein Arm legt sich um meine Schulter. Eine Hand reicht mir ein Taschentuch.

»Hey ...«

Oliver hat sich neben mich auf den Boden gehockt. Ich kann fühlen, wie erschrocken er ist.

»Hey ...«

Diese drei winzigen Buchstaben, dieser unbeholfene Laut, geben mir meinen Mann wieder.

»Oliver?«

»Ja, Christine?«

Ich wische mir die Tränen ab, schnäuze mich, beruhige mich langsam. Ich will eigentlich gar nichts sagen, denn hier und jetzt sitzt Oliver neben mir und hat den Arm um mich gelegt und hier und jetzt ist alles gut.

»Oliver?«, wiederhole ich und flehe alle Götter an, es möge nicht das letzte Mal sein, dass ich Olivers warme Haut an meiner spüre.

»Oliver«, sage ich ein drittes Mal. Dann nehme ich all meinen Mut zusammen, drehe mich um und schaue ihm in die Augen. »Ich habe mich in Peter verliebt. Das kommt vor, weißt du, ich hatte das nicht geplant, ich wollte das auch nicht, aber es ist passiert. Dich zu lieben, habe ich nie aufgehört. Ich habe mit Peter geschlafen, ja, es war aber nur ein einziges Mal, das schwöre ich dir. Ich war schwach, aber ich habe nie aufgehört, dich zu lieben.«

Oliver schaut weg.

»Bitte«, flüstere ich.

Ich weiß nicht, wie viel Zeit vergeht. Mein ganzes Dasein ist reduziert, all meine Sinne lenken sich auf zwei Dinge: die Stille um mich herum und mit welchen Worten Oliver sie durchbrechen wird? Sein Arm um meine Schulter; wird er ihn heute zum letzten Mal um mich gelegt haben?

»Christine«, sagt er schließlich, in seiner Stimme liegen Liebe und Qual. »Lass es uns versuchen.«

Mein Herz ist frei wie ein Vogel, tanzt wie ein Schmetterling im Frühlingswind.

»Ich liebe dich!«

Zehn Monate später.

»Psst!«, macht Oliver, als ich ins Zimmer unserer Tochter geschlichen komme.

Liebevoll sieht er auf sie herab. Jedes Mal, wenn sie im Schlaf zuckt oder seufzt, leuchten seine Augen verzückt auf. Ich liebe ihn so sehr!

Oliver bedeutet mir, schon mal vorzugehen und schleicht sich aus dem Zimmer. Ich nicke und hebe Zeigefinger und Daumen: Ich komme in zwei Minuten nach.

Dann setze ich mich in den Schaukelstuhl neben dem Bettchen unserer Tochter, das Oliver zusammen mit seinem Vater gebaut hat. Er liebt Laura über alles. Und ich liebe ihn.

Noch zwei Minuten, diese Zeit gönne ich mir, bevor ich wieder zu meinem Mann gehe und ihm die Ehefrau bin, die er verdient hat. Noch immer träume ich ab und zu von Peter. Es war ein Autounfall, der ihn das Leben gekostet hat. Er ist geradewegs auf die Straße und in den Audi hineingerannt. Der Autofahrer hatte keine Chance auszuweichen. Niemand weiß, warum Peter nach der Party ausgerechnet in diese Richtung unterwegs war, wo doch seine Wohnung genau am anderen Ende des Dorfes lag. Weil niemand mich gesehen hat, wie ich verwundet an Körper und Seele vor Peter über die Straße gerannt bin.

Peter ist tot und Oliver und ich haben eine Tochter.

»Gute Nacht, mein Engel!«, flüstere ich, gebe Laura einen sanften Kuss auf die Wange und gehe zu meinem Ehemann.

Herr Horn und das große *Warum*

Monika Loerchner

Es war einmal ein Mann namens Herr Horn. Er lebte so vor sich hin in seiner Wohnung, mit seinem Auto, in seinem Job. Zu seiner großen Verwunderung stellte er eines Tages fest, dass er nicht glücklich war.

Er begann nach den Gründen dafür zu suchen. Da er bei sich keine finden konnte – er war gesund und hatte sein Auskommen – fing er an, sich die Menschen in seinem Umfeld genauer anzuschauen.

Da war Herr Brecht, sein Kollege, der vor nicht allzu langer Zeit befördert worden war. Und dass, obwohl Herr Horn dienstälter war! Und auch viel besser qualifiziert, diese dumme Fortbildung des Kollegen konnte doch keiner für voll nehmen!

Horns Magen zog sich vor Wut zusammen und er fragte sich: »Warum er, warum nicht ich?«

Herr Horns einzige Schwester, Luzie, hatte ihn erst vergangene Woche angerufen. Ihr Freudestrahlen war durch den Telefonhörer zu ihm vorgedrungen: »Ich habe im Lotto gewonnen, Erwin, stell dir vor!«

Die Summe, die ihr bereits auf ihr Konto überwiesen worden war, war so stattlich, dass es Herrn Horn für einen Moment die Sprache verschlagen hatte.

»Kein Wunder, dass ich nicht glücklich bin«, überlegte er nun. »Ich habe noch nie im Lotto gewonnen. Würde mir einer so viel Geld schenken, wäre ich auch fröhlich! Nicht, dass ich es Luzie nicht gönnen würde, aber ... warum sie, warum nicht ich?«

Auch sein Nachbar, Walther Feldkamp, zeigte Herrn Horn deutlich, weshalb es ganz unmöglich war, mit seinem Leben zufrieden zu sein. Herr Feldkamp besaß eine eigene Firma, in der er sechzig Stunden die Woche arbeitete, eine wunderschöne Frau, zwei gut, wenn auch etwas frech, geratene Kinder. Er lebte in einem schmucken kleinen Häuschen und fuhr – wie konnte es auch anders sein? – einen Jahreswagen.

»Das perfekte Leben!«, dachte Herr Horn. »Kein Wunder, dass Feldkamp immer so gut gelaunt ist. Aber warum er, warum nicht ich?«

Je mehr sich Herr Horn unter den Menschen umsah, desto deutlicher erkannte er, dass er vollkommen zu Recht unglücklich war. Das Leben hatte ihm nichts beschert, was es irgendwie zu danken gälte. Er verfügte über kein besonderes Talent, das ihm Ruhm und Reichtum bescherte, nicht mal gut malen oder tanzen konnte er. Eine schöne Frau, die sich für ihn interessierte, war weit und breit nicht in Sicht. Kein Wunder. Er gehörte eben nicht zu jenen, die von der Natur mit einer imposanten Körpergröße oder großen Muskeln beschenkt worden waren, er war eben nicht so ein Schönling. Wenn es den Frauen auch immer nur ums Aussehen ging, dann konnten sie ihm sowieso gestohlen bleiben!

Im Gegensatz zu anderen war er nicht mit einem goldenen Löffel im Mund geboren worden, sondern hatte sich alles selbst erarbeiten müssen. Doch statt jeden Tag bedeutsame Entscheidungen zu treffen, langweilte ihn sein öder Job schon seit Jahren.

»Ich bin vollkommen zu Recht unglücklich«, folgerte Herr Horn. Denn, wo er auch hinsah, immer hatten die Menschen mehr als er, waren schöner, talentierter, erfolgreicher, glücklicher.

»Warum die, warum nicht ich?«, fragte er sich jedes Mal aufs Neue.

Eines Tages, als Herr Horn durch strömenden Regen – was sonst? – die knappen zwei Kilometer zum Büro schlurfte – natürlich hatte er wieder einmal keinen Parkplatz gefunden, natürlich nicht, und der Büroparkplatz war wie immer um diese Uhrzeit schon voll gewesen – sah er einen alten, offensichtlich obdachlosen Mann, der sich zum Schutz vor dem Regen in einen Hauseingang gestellt hatte. Der Mann sah müde und verwahrlost aus.

»Haben Sie einen Euro für mich?«, nuschelte der Obdachlose und streckte eine schmutzige, zittrige Hand aus.

»Wohl auf Alkoholentzug«, folgerte Horn höhnisch, schüttelte den Kopf und ging weiter. Als er unweit des alten Mannes an der Straße stand und den Ampelknopf drückte, überkam ihn ein merkwürdiges Gefühl. Ganz so, als ob er beobachtet würde.

Herr Horn drehte sich um und tatsächlich traf sein Blick den des Obdachlosen.

Horns Mundwinkel zuckten. Am liebsten hätte er dem Alten ein spöttisches »Ist was?« zugerufen, verkniff es sich aber. Auch der Obdachlose sah aus, als würde er Herrn Horn gerne etwas sagen.

»Aber was?«, sinnierte Horn und wippte auf seinen blitzblanken Schuhen. »Wahrscheinlich so was wie Schnösel oder alter Geizhals!«

Der Alte bewegte den Mund und seine Lippen formten Worte, die Herr Horn nicht verstehen konnte. Doch als würde sie ihm jemand ins Ohr flüstern, verstand er, was der Obdachlose sagte:

»Warum ich, warum nicht du?«

Die Erdbeersahnemorde

Leveret Pale

Durch zahlreiche famose, und dem werten Leser sicherlich bekannte, Werke der Fiktion wie *Der Mann in der Pizzeria, Der Untergang des Hauses Giovanni* oder *Die verräterische Pasta,* habe ich, der Schriftsteller Edgardo Alliano Paolo, es zu bescheidenem Weltruhm gebracht, der wohl enden wird, nevermoré.

Doch diesmal, so schwöre ich bei dem geheimen Tagliatellerezept meiner Mutter, erzähle ich keine erfundene Geschichte, sondern berichte wahrheitsgetreu von jenen ungeheuren Ereignissen, die sich genau so vor wenigen Jahren tatsächlich in einem kleinen italienischen Dorfe ereignet haben. Ich erhielt erst vor Kurzem von ihnen Kunde durch meinen Cousin Riccardo Paolo, da er zu jener Zeit dort als Carabinieri stationiert und an den Ermittlungen beteiligt war.

Dieser Fall ist so kurios und abstrus, so düster und obskur, dass er meinen schriftstellerischen Verstand in Gänze ergriff und mich in einen monomanischen Rausch zog, sodass ich nicht anders konnte, als jedes einzelne Detail dieser Geschichte nachzuforschen, zusammenzutragen und hier, in den folgenden Zeilen, zu präsentieren.

Der Beginn jener grauenhaften Kette an Mysterien kann bis zum sechsundzwanzigsten Mai jenes denkwürdigen Jahres zurückdatiert werden, in dem der Papst in einer Talkshow zusammen mit dem ersten schwarzen Präsidenten Italiens einen mit Dimethyltryptamin versetzten Joint durchzog [*sic*] und infolge dessen öffentlich zum Zen

Buddhismus konvertierte und verkündete, dass Jesus der Archetyp der Leere sei, was zu einem gewaltigen Eklat führte, dessen Ausführung hier überflüssig ist, da wohl jeder Leser, der nicht (wie der Autor) die letzten Jahre total mit Opium zugedröhnt in einem Loch verbracht hat, hierüber wohl bestens Bescheid weiß.[1]

An jenem Tag war zur Mittagszeit im Café Espresso kaum Kundschaft, und die wenigen Gäste, vor allem Arbeitslose und Rentner, saßen dort bereits seit den frühen Morgenstunden und nippten noch immer an ihrem ersten Cappuccino Speziale.

Die Angestellten waren, wie an jedem Tag zu dieser Zeit, in einen Zustand routinierter Passivität geglitten, in dem sie hinter dem Tresen mit offenen Augen im Stehen ein Nickerchen hielten.

Dies erklärt, warum sich kein einziger von ihnen erinnern konnte, woher und wann jener Mann, der gegen halb eins energisch auf seinen Tisch trommelte und nach der Karte verlangte, gekommen war.

Das Obskure hieran ist aber, dass auch keiner der anderen Gäste, die alle draußen in der Sonne saßen, sich daran erinnern konnte, ob und wie der Mann an ihnen vorbeigegangen war. Es schien fast, als wäre er aus dem Nichts gekommen und hätte erst in der dunklen Ecke im Inneren des Cafés zu existieren begonnen. (Was in Anbetracht der folgenden Ereignisse gar nicht so unplausibel erscheint.) Dies könnte allerdings auch an seinem Äußeren liegen, welches von den Augenzeugen als schattig und

---

[1] Wenn mir jemand die Ereignisse jedoch noch einmal genau erklären könnte, wäre ich sehr erfreut. Ich nehme Leserbriefe über die Adresse des Verlages oder via E-Mail an.

unsichtbar umschrieben wurde. Er trug einen schwarzen Trenchcoat über dem hageren Körper und einen schwarzen Fedora auf dem schmalen Kopf, der das blasse Gesicht im Schatten verschwinden ließ. Er verschmolz mit der dunklen Wand des Cafés. Seine langgliedrigen Finger klopften herrisch auf den Tisch, aber ansonsten war sein Auftreten absolut geräuschlos, als hätte er nicht einmal geatmet. Die blassblauen Augen huschten rastlos durch den Raum.

Die Lokalzeitungen stellten im Nachhinein Theorien auf, diese Fähigkeit, ungesehen ins Gebäude zu gelangen und die offensichtliche Angespanntheit wären darauf zurückzuführen, dass es sich bei dem Mann um einen Cosa-Nostra-Aussteiger handelte, einen Agenten der Agenzia *Informazioni e Sicurezza Interna/Esterna* oder einen Drogenhändler, der seit Längerem untergetaucht war und sich darauf spezialisiert hatte, unentdeckt zu bleiben. Dies würde auch erklären, warum bei ihm keine Dokumente gefunden werden konnten, mit denen man ihn hätte identifizieren können.

Allerdings bestellte er bei der von dem ungewöhnlichen Kunden aufgeschreckten Kellnerin auf Englisch »A Latte Macchiato and Strawberries with whipped cream, please« ein Detail, welches erst Monate nach dem Vorfall an die Öffentlichkeit gelangte und eine bis heute anhaltende Debatte unter Verschwörungstheoretikern, Boulevardjournalisten und selbsternannten Experten entfachte, die sich um mögliche Zusammenhänge in diesem Fall mit dem FBI, der CIA, Haribo, internationalen Hedgefonds und Außerirdischen drehen.

Letztendlich handelt es sich hierbei allerdings lediglich um Spekulationen, die oft nicht einmal einen Kern Wahrheit enthalten. Wahrscheinlich wird die Herkunft und Identität des mysteriösen Mannes niemals vollständig geklärt werden können. Daher werde ich darauf nicht weiter eingehen, da ich mich strikt an die Fakten und die Realität, egal wie wenig davon bekannt ist, halten und die Lücken nicht mit unnötiger, subjektiver Fiktion füllen will.

Deswegen kann ich auch nicht, wie einige meiner journalistisch tätigen Kollegen, die eine Vorliebe dazu haben, ihre sogenannten Berichte mit Fiktion auszuschmücken, behaupten, genau zu wissen, was geschah, nachdem die Kellnerin dem Mann seine Schüssel Erdbeeren mit Schlagsahne zusammen mit dem langen dünnen Löffel brachte.

Ich kann lediglich durch die Anwendung von Ockhams Rasiermesser die Vermutung äußern, die auch die Kellnerin bei der Vernehmung angab, der Mann sei ein Grobmotoriker und habe sich beim hastigen Essen versehentlich den Löffel statt in den Mund in das linke Nasenloch gerammt. Denn als sie kurz darauf mit dem Latte Macchiato zurückkam, war er bereits tot.[2]

Die Obduktion ergab, dass der insgesamt zwanzig Zentimeter lange Löffel zuerst vier Zentimeter in die Nase hineingerammt und wieder ein Stück herausgezogen wurde. Hierbei riss ein Blutgefäß, was zu einem plötzlichen Blutdruckabfall und damit zu Bewusstlosigkeit führte.

---

[2] Solche Vorfälle der Grobmotorik sind gar nicht so selten, wie man anzunehmen geneigt ist. So werden jedes Jahr zahlreiche Fälle bekannt, bei denen sich Menschen mit Zahnstochern versehentlich selbst die Augen ausgestochen haben. vgl. Budnick LD. *Toothpick-Related Injuries in the United States, 1979 Through 1982.* JAMA. 1984;252(6):796–797.
doi:10.1001/jama.1984.03350060040026

Der Mann sank dabei mit dem Kopf mit solch einer Wucht auf den Teller vor ihm, dass der Löffel das Knorpelgewebe durchschlug und sechzehn Zentimeter tief ins Gehirn eindrang. Der Mann war schlagartig tot. Der Teller zersprang und die Sahne und die Erdbeeren spritzten an die Wände, während sich die Blutlache über den Tisch ausbreitete.

Das Tropfen des Blutes auf das Parkett war das einzige Geräusch, das die Kellnerin von dem ganzen Vorfall vernahm, bis sie einen ohrenbetäubenden Schrei ausstieß und bewusstlos nach hinten kippte. Sie schlug mit einem lauten Knall auf dem Parkett auf, der die restlichen Kunden und Angestellten kurz darauf in den Raum stürmen ließ.

Die Carabinieri, darunter mein Cousin, die lokale Polizei und ein Rettungswagen sowie das halbe gaffende Dorf waren innerhalb weniger Minuten am Tatort; die Leiche wurde im nahegelegenen Krankenhaus für tot erklärt, und auch wenn es keine Beweise für ein Verbrechen gab, begannen damit die Schwierigkeiten für die Carabinieri erst.

Das ganze Dorf war in heller und nervöser Aufregung; wie ein Komapatient, der nach hundert Jahren Dornröschenschlaf mit einer Spritze Methamphetamin aufgeweckt worden war und sich plötzlich in einer von Außerirdischen dominierten Welt wiederfand.

Seit einem Streit zwischen zwei Winzern siebzig Jahre zuvor, bei dem der eine die Frau des anderen schwängerte, woraufhin dieser die MG 42 seines Vaters aus dem Keller holte und die beiden in Stücke schoss, bevor er sich selbst in einem Weinfass ertränkte, war nichts Nennenswertes geschehen.

Die Menschen hatten sich an die absolute Ereignislosigkeit und daran, über das Wetter zu reden, gewöhnt, und nun war ein schrecklicher Selbstmord – oder war es

Mord? – eines mysteriösen Fremden passiert; und jeder hatte seine eigene Version der Geschichte, die er jedem erzählte, der sie hören oder nicht hören wollte. Doch dies sollten nicht die einzigen Gerüchte sein, die in dem Ort kursierten und auch nicht die letzten aufsehenerregenden Ereignisse.

Mehrere Wochen lang musste das Café geschlossen bleiben. Die meisten der Angestellten, darunter die Kellnerin, die den Leichnam als erste entdeckt hatte, kündigten. Die mageren Ersparnisse des bei der Mafia verschuldeten Eigentümers Georgio de Luca schrumpften von Tag zu Tag und damit auch die Anzahl der Haare, die bei Stress die Angewohnheit hatten, sich noch mehr als sonst von seinem fast kahlen Kopf zu lösen, während die Sorgenfalten sich auf seiner Stirn immer weiter auffalteten wie einst die Alpen vor 35 Millionen Jahren durch die Plattenbewegungen.

Rastlos lief er tagelang vor den versiegelten Türen seines Lokals auf und ab, diskutierte mit den Ermittlern, die sich weigerten, das Café wieder freizugeben, bis sie den letzten Zeugen verhört, den letzten Blutfleck analysiert und entfernt und die Mühlen der langsamen und korrupten Bürokratie der Freigabe des Tatorts zugestimmt hatten.

Nach und nach entließ de Luca all seine Angestellten, bis er allein dastand. Der Fall war bereits seit vier Wochen in Bearbeitung und seit drei Wochen in das Archiv der unlösbaren Fälle verschoben worden, Georgio de Luca hatte seit drei Tagen nicht geschlafen und wanderte kahl und schwitzend durch die Straßen und bot seine Möbel und Klamotten zum Verkauf an, als aus Carthago die Genehmigung zur Freigabe des Tatortes kam.

Umgehend eröffnete er am nächsten Tag das Café. Um 06:00 Uhr stand er bereits während der Morgendämmerung vor dem Eingang, grinste verschmitzt und winkte den Passanten zu, um sie auf einen Kaffee einzuladen. Die Erdbeeren mit Sahne waren von der Karte verschwunden, die Kunden blieben es allerdings ebenso. Kein einziger der ehemaligen Stammgäste ließ sich blicken.

Nervös trat Georgio mit dem verkrampften Lächeln auf und ab, bis gegen Mittag sein Freund, der Postbote Lorenzo D'Amico, vorbeigeradelt kam. »Amico mio, was bei den Fresken des Vatikans ist hier los, verdammt. Weißt du, wo die Leute sind?«

»Es tut mir leid, Georgio, aber ich befürchte, die sind alle bei Luigi.«

»Bei Luigi? Bei der Jungfrau Maria, sein Espresso ist gefärbtes Wasser und seine Latte streckt er doch mit der Milch seiner Mutter. Wie können die Leute nur bei diesem Stronzo sitzen? Pazzo. Sag mir bitte, dass das nicht wahr ist, bei der Mutter Gottes.«

»Er hat kein Blut in seinem Lokal und seit Neuestem eine Kaffeemaschine von Mespresso, da kriegt sogar er was Trinkbares hin. Du wirst umschulen müssen, vielleicht solltest du eine Geisterbahn oder so eröffnen. Ich muss weiter. Addio!«

Lorenzo D'Amico fuhr auf seinem eiernden und mit Briefen überladenen Fahrrad weiter. »Mit welchem Geld? Mit welchem Geld?«, murmelte Georgio de Luca und bekreuzigte sich. Den ganzen Nachmittag und bis spät in den Abend hinein wartete er vor seinem Café auf Kunden.

Alte Stammkunden kamen vorbeispaziert. Er fiel sie fast an, sprang auf sie zu, lächelte verzweifelt und fragte sie, ob sie denn nicht Lust auf einen Latte oder Eis oder auf frische Waffeln, die er mit seinem letzten Mehl gebacken hatte, haben, er würde ihnen sogar ein Sonderangebot machen.

Sie lächelten freundlich und lehnten dankend ab. Sie haben bereits bei Luigi gegessen.

Mit jeder vergehenden Stunde nahm der Lächelkrampf in de Lucas Gesicht abstrusere Züge an. Seine Schultern sanken immer weiter zu Boden. Als die Kirchturmuhr 23:00 Uhr schlug, stieß er ein irres, gurgelndes Kichern aus und trottete in das Innere des Cafés. Er nahm eine der Waffeln und biss ab. Eine Träne tropfte auf das Parkett, als er hinter sich das fordernde Trommeln von Fingern auf einem der Tische vernahm. Sein Herz schlug höher. Er leckte sich freudig erregt die Lippen. Endlich war doch noch ein Kunde gekommen.

Als die Sonne aufging, lag der Leichnam von Georgio de Luca im Rahmen des Eingangs des Cafés. Sein Kopf war bläulichlila angelaufen. Die Augen starrten angeschwollen, wie bei dem Fisch, den Luigis Sohn im vergangenen Sommer mit einer elektrischen Pumpe bis zum Platzen aufgepumpt hatte, und aus seinem Mund wuchs ein Berg aus Schlagsahne empor, auf dessen Spitze eine süße Erdbeere lag. Und wenn jemand genau hingesehen hätte, so hätte er entdecken können, dass der Mörder dabei einen Fingerabdruck auf der Erdbeere hinterlassen hatte.

Als die von einem Nachbarn alarmierten Carabinieri eintrafen, stürzte jedoch ein Waldrapp aus einer der Nebengassen heraus. Das schmutzige und zerzauste Federvieh machte einen Satz auf den Leichnam zu und schlang die Erdbeere hinunter. Die Carabinieri forderten es auf, stehen zu bleiben, aber der Vogel rannte davon, mit dem sahneverschmierten, langen Krummschnabel gackernd und den Mähnenkopf frech schüttelnd. Einer der Carabinieri zog seine Pistole und zielte auf den Flüchtigen.

»Stecken Sie die Waffe ein«, schrie der Sottotenente.

»Es flieht aber mit Beweismaterial und es widersetzt sich der Staatsgewalt. Ich muss schießen!«

»Verdammt, sehen Sie es nicht? Wollen Sie degradiert werden, oder was? Stronzo! Cretino! Das ist ein gefährdeter Waldrapp, *Geronticus eremita*. Wenn wir es töten, dann haben wir hier morgen die Umweltaufsichtsbehörde, die EU, den WWF, Greenpeace und die Social Justice Warriors auf dem Dach. Stecken Sie die Waffe ein! Es ist nur Mord, verdammt. Das ist es nicht wert!«

Der Waldrapp verschwand gackernd hinter einer Ecke, wo er ungesehen von den Polizisten von einer Katze angefallen, totgebissen und unter einen Müllcontainer geschliffen wurde.

Der Carabinieri schluckte und steckte die Waffe ein.

»Wir haben nichts gesehen, Männer. Es gab keine Erdbeere, und jetzt rufe, bei Maria, doch endlich jemand die Spurensicherung.«

Das Café wurde erneut unter den Augen der versammelten, schockierten Dorfbewohner als Tatort abgesperrt. Der Pfarrer rief zu einem gemeinsamen Gottesdienst auf, um den Herrn dafür anzuflehen, er möge der Stadt ihre Sünden verzeihen und die grausamen Todesfälle beenden.

Die Leiche wurde zur Autopsie gebracht, und diesmal gab es keinen Zweifel daran, dass es Mord gewesen war. Jemand hatte mit übermenschlicher Kraft Georgio de Luca festgehalten und ihm mit einer Sahnesprühdose in den Mund gesprüht, bis er einatmen musste. Als Treibgas für Sprühsahne diente Distickstoffmonoxid, Lachgas, das nach einem intensiven Lachkrampf zu einer tiefen Bewusstlosigkeit geführt hatte, während die Lungen sich immer mehr mit Sahne gefüllt hatten und Georgio langsam und glücklich erstickt war. Ein sowohl sehr lustiger als auch gleichzeitig schmerzvoller Tod, sodass man nur voller Mitleid an den armen de Luca denken kann, der kichernd und zappelnd unter Todesqualen starb, noch absurder grinsend als ohnehin schon den ganzen Tag.

Man vermutete sofort, dass es sich bei den Tätern um Angehörige einer Mafia gehandelt haben musste, da jedes Geschäft in der Region für eine oder mehrere Organisationen Schutzgelder zahlte. Es war bekannt, dass de Luca hoch verschuldet war. Fingerabdrücke ließen sich allerdings keine an der Leiche finden, und mögliche DNA-Spuren waren vom Winde verweht, von denen der Passanten überdeckt oder von dem Waldrapp gestohlen worden. Die Ermittlungen verliefen wie so oft in der italienischen Provinz im Sand und wurden lediglich symbolisch geführt. Man lieferte dabei immer wieder neue Beweise und Ergebnisse, die zwei Tage später sofort wieder revidiert und als Falschmeldungen deklariert wurden, um die Absätze der Lokalzeitung zu steigern, deren Eigentümer der Schwager des Commissario Capo war.

Die Bearbeitung des Falles dauerte jedoch — auch unbeeinflusst von der lukrativen Zeitungs-Enten-Produktion — wieder mehrere Wochen, da der Fall im Gegensatz zu den echten Mafiamorden nicht sofort zu den Akten gelegt werden konnte. Keine der ansässigen Familien wollte sich dafür zuständig erklären und die entsprechenden Schmiergelder zahlen. Dies drohte zu einem gewaltigen Streit zwischen den Carabinieri und den Mafiosi zu eskalieren, der erst beiseitegelegt wurde, als die Kriminellen damit drohten, das lokale Bordell für Angehörige der Polizei zu schließen und deren Familien über deren Besuche in den letzten Monaten zu informieren.

Innerhalb eines Tages wurde das zuständige Sonderermittlerteam von zwei Personen auf null reduziert und die Akte zu den restlichen erledigten in den Keller des Asservatenhauses gebracht, wo sie bis heute auf die Archivierung warten.

Der Archivar war der hundertzweijährige Schwieger-Großvater des Commissario Capo. Er rauchte den ganzen Tag Pfeife und räumte wahrscheinlich seit 2017 keine Akte mehr ein, was allerdings niemand so genau bestätigen konnte, denn seit über einem Jahr war er hinter einer Wand ungeordneter Akten verschwunden. Lediglich das Diffundieren des Tabaksrauchs aus Schlitzen und Ritzen zwischen den Blätterbergen galt als Beweis für sein Fortleben. Theorien zu den spirituellen oder biologischen Prozessen hinter dieser endemischen, unsichtbaren und anscheinend lediglich von Kakerlaken und Tabak lebenden Lebensform waren ein beliebtes Thema bei den Schülern der Dorfschule für Aufsätze und Seminararbeiten.

Als die Polizei schließlich den Tatort wieder freigab, wartete niemand darauf. Der Besitz war zur einen Hälfte an die Bank und zur anderen Hälfte an eine der Mafiafamilien gegangen, die bis heute zu keiner Einigung gekommen sind, wie und an wen sie das Gebäude verkaufen könnten.

So kam es dazu, dass das Café nach und nach verrottete. Schulkinder machten sich einen Spaß daraus, die Scheiben einzuwerfen. Die Stadtverwaltung ließ diese daraufhin zunageln. Jugendliche aus der versammelten Gegend beabsichtigten, einen Underground Club im Keller des Cafés zu errichten. Es kamen allerdings zu wenige von ihnen zusammen, und die meisten von ihnen waren der Überzeugung, es würde darin zu *schwul* nach Erdbeeren riechen, während die anderen Partys sowieso abgeneigt waren.

Nach und nach klauten afrikanische Wanderarbeiter die Kupferkabel aus den Wänden und verkauften sie an den

Sohn des Commissario Capo, der ein Elektrofachgeschäft leitete. Eines Nachts konnten die Bewohner deren schrillen Schreie hören, allerdings ließen sich tags darauf keine mehr von den Dieben blicken, weshalb sich die Carabinieri und die Polizei gar nicht erst die Mühe machten, eine Anzeige zu erstellen. Man nahm an, dass die Afrikaner, die zuvor auf einigen der umliegenden Bauernhöfe gearbeitet hatten, nach der erfolgreichen Kupferernte und dem Ende der Saison nach einem Fest im Keller des leerstehenden Gebäudes nach Deutschland aufgebrochen waren, um dort Asyl zu beantragen. Der Eigentümer der Bauernhöfe, ein Perazzo Linguini, behielt das Geheimnis klugerweise für sich, dass die Afrikaner verschwunden waren, ohne ihre Löhne abzuholen.

Eine Zeit lang geschah nichts Nennenswertes in dem verlassenen Café. Doch das hielt nicht lange an. Nachts hörten Anwohner der umliegenden Häuser Stimmen aus dem Inneren des verlassenen Gebäudes, und obwohl der Strom abgestellt war, berichteten Spaziergänger immer wieder von flackernden Lichtern.

Eines Abends torkelte Luciano Leggio, der Dorfalkoholiker[3], an dem verlassenen Café vorbei. Er schwang die Faust zum Himmel und verfluchte die Sterne, von denen einst das Übel über ihn hereingekommen war, und schrie dreimal den Namen des Königs in Gelb. Niemand wurde von seinem Gebrabbel wach, und kaum einer der Wachen sah

---

3 Jedes Dorf dieser Welt hat wohl mindestens einen schrägen Vogel dieser Art; einen alten, bärtigen Mann, der in seiner Jugend irgendeinen lovecraft'schen Schrecken erblickt hat und seitdem einen kynischen Lebensstil führt, allerdings nur noch in fremden Zungen redet und sich ausschließlich mit mindestens drei Promille intus mit der Außenwelt assimilieren kann.

aus dem Fenster, denn das Geschrei des Mannes gehörte genauso zu den endemischen Geräuschen der Nacht wie das Zwitschern der Vögel, das Rauschen des Windes, das Gackern des Waldrapp und die Melodie des Liedes *Eleanor Rigby*, die der zwangsneurotische Nachtwächter Michele Navarra auf seinen Rundgängen immer pfiff.

»Weflugte Elana! Ik hasste die Cantana!«, krächzte der alte Lucian Leggio aus voller Lunge. Seine hagere Brust blähte sich auf wie bei einer Wasserleiche im dritten Verwesungsgrad, wenn die Bakterien im Inneren anfangen, die Eingeweide zu Methan umzuwandeln. Die gelben, schiefen Zähne knirschten zwischen den schwarzen Kariespolstern. Und in diesem Moment hatte er seine zweite Epiphanie.[4] Im strahlenden Licht des Mondes wuchs aus dem Gullideckel vor ihm die strahlende Gestalt des jodelnden Dostojewski, der in einem epileptischen Krampf gefangen in der Luft rotierte, aber zweifelsfrei in eine bestimmte Richtung zeigte. Mit seinen zappelnden Fingern deutete er auf das verlassene Café, und Luciano wusste sofort, dass er dort die Antworten auf all seine, im Delirium Tremens so dringenden, Fragen wie nach dem Sinn des Lebens, einem

---

[4] Seine erste Epiphanie hatte er 1998, als er auf einer Reise in Interzone war, gerade als die Stadt von einer Gurlag-Epidemie aus der Zwischendimension überrollt wurde und die Organisation schwerbewaffnete Agenten und, erstmals in ihrer Geschichte, sibirische Kampfhamster einsetzte, um der Lage Herr zu werden. Dies spielte allerdings für Luciano keine bewusste Rolle, da er die ganze Zeit betrunken und mit Diarrhöe auf dem Klo saß, sich von Klopapier ernährte und nichts von allem mitbekam. Ein pinker Elefant erschien und versprach ihm, die sündige Stadt zu vernichten. Als Luciano vier Tage später endlich das Haus verließ, war er der einzige Überlebende der Säuberung.

(zumindest halbwegs) sauberen Klo und nach einer Quelle für billigen osteuropäischen Fusel, finden würde.

Er schlurfte auf das Café zu und rüttelte an der Tür, die eigentlich hätte verschlossen sein müssen, aber sie schwang knarzend auf, und das krankhaft gelbe Licht der Natriumdampflampen fiel auf die mit Staub und funkelnden Glasscherben übersäten Möbel.

Luciano stolperte in den Raum hinein, den sich doppelnden und morphenden Gegenständen ausweichend und von einem Bein aufs andere schwankend.

Die Tür schlug hinter ihm zu. Das Schloss rasselte. Er drehte sich um und stieß einen markerschütternden Schrei aus, als in seinen hepatitisgelben Augen jeweils ein Löffel versank und mit solch einer Kraft hineingerammt wurden, dass sie bis in den zerebralen Schwamm eindrangen. Wie ein nasser Sack fiel er um. Das Blut sprudelte aus den Augenhöhlen und floss in den sich mit Sahne füllenden Mund. Eine große Erdbeere wurde hineingelegt. Er blieb so liegen, verschmiert in Sahne und Erdbeersoße, in dem gerinnenden Blut, bis ihn zwei Tage später drei landstreichende Fixer fanden, die vorgehabt hatten, sich in dem vernagelten Gebäude einzuquartieren. Niemand wusste, woher die Fixer gekommen waren, anscheinend nicht einmal sie selbst, denn während ihres Verhörs brabbelten sie unverständliches Zeug, sie seien aus Interzone und auf der Flucht vor einer geheimen Organisation und Agenten. Man erklärte sie für durchgeknallte Junkies mit zu viel William S. Burroughs Lektüre, und deportierte sie in die renommierte Entzugsklinik des Doktor Giallo Benway vierhundertdreiundzwanzig Kilometer südlich des Tatortes.

Alle drei verschwanden zwei Tage später aus der Klinik. Gerüchten aus dem Land der Träume zufolge befinden sie sich zurzeit in Marrakesch, wo sie mit Schreibmaschinen kämpfen. Und damit verliert sich die Spur der letzten potenziellen Zeugen.

Auch die Obduktion des dritten Mordopfers – und niemand zweifelte mehr daran, dass es nichts anderes als ein Serienmord sein konnte – brachte keine neuen Erkenntnisse. Der Leichnam war durch den hohen Ethanolgehalt im Gewebe sehr gut erhalten, allerdings war beim Verwesungsprozess das Ethanol an die Oberfläche diffundiert und hatte Haut und Kleidung durchtränkt und mit seiner desinfizierenden Wirkung sämtliche DNA-Spuren und Fingerabdrücke vernichtet.

Wäre dies eins meiner fiktiven Werke, so würde ich die Geschichte an diesem Punkt mit übernatürlichen Kräften wie Geistern und Flüchen erklären und vielleicht noch einige weitere Morde aufführen. Zumindest würde ich die Handlung mit einem offenen Ende stehen lassen, um die Leser im Ungewissen zu lassen und so ihre Fantasie zu stimulieren und den Grusel zu erzeugen.

Allerdings befinden wir uns hier nicht in der Fiktion, sondern in der grotesken, absurden und langweiligen Realität, deren ewige Handlungsschleife sich in allen Richtungen, räumlichen wie zeitlichen, bis in die Ödnis der Unendlichkeiten zieht.

Das Dorf war gelähmt vor Angst, die Carabinieri ratlos. Der extra für den Fall aus Londonistan angereiste eingestellte Profiermittler H. H. Halms[5] starb noch am Flughafen

---

[5] Berühmt dafür, dass er fünf Jahre zuvor allein die gesamten Schmuggel- und Koordinationsnetzwerke des Onanistischen Staats aufgedeckt und ein Jahr zuvor das Kartell der Süßigkeitenindustrie hochgehen lassen hatte. Niemand wusste so genau, warum er diesen winzigen Fall in der italienischen Provinz angenommen hatte, allerdings stellte er sich als Junkie heraus. Und wie ich ihnen versichern kann, sind diese Menschen absolut irre und unberechenbar.

in Rom in einer Toilette an einer Überdosis einer injizierten Mischung aus Alpha-PVP-9 und Carfentanyl, die stark genug gewesen wäre, um eine ganze Elefantenherde auszurotten. Die offizielle Pressemeldung, die um die Welt ging, war: *Berühmter Ermittler beim Urlaub in Rom an Herzversagen gestorben* [sic].

Glücklicherweise hatte er niemanden außer dem Capo und mir von seinem Vorhaben, an dem Erdbeersahnefall zu arbeiten, mitgeteilt, sodass die Verbindung niemals bekannt wurde und die überregionale Presse den Fall weiterhin weitestgehend ignorierte.

Dennoch stiegen der öffentliche Druck und die Erwartung höherer Dienststellen, diese unaufgeklärten Morde unverzüglich zu lösen. Der verzweifelte und wegen der Vorauszahlung an H. H. Halms verschuldete Commissario Capo ordnete eine erneute Durchsuchung des Gebäudes an. Aber diesmal waren die Polizisten angewiesen, wenn nötig, jede einzelne Wand einzureißen und erst wieder herauszukommen, wenn sie präsentable Beweise gesichert haben.

Stundenlang fotografierten die Polizisten erneut jeden einzelnen Fleck, jedes einzelne Möbelstück, saugten den Boden ab, um mehr DNA-Material zu finden. Und nach und nach trugen sie die Möbel hinaus, schraubten den Tresen ab, rissen die Holzvertäfelung und die Gemälde von den Wänden, schraubten die Glühbirnen aus ihren Halterungen, demontierten den Spülkasten auf dem Klo und klopften mit größter Sorgfalt die Wände ab.

Es dauerte trotz dieser gründlichen Untersuchung ungefähr zwei Stunden, bis man sich zum Keller durchgearbeitet und dort die stark verwesten Leichen der Afrikaner entdeckt hatte.

Alle fünf jungen Männer waren nackt und enthauptet. Sie waren so gelegt, dass sie ein in sich geschlossenes Trapez bildeten, welches mit Sahne nachgefahren worden war. In der Mitte waren ihre mittlerweile fast skelettierten Schädel zu einer kleinen Pyramide aufgetürmt, die mit ausgetrockneten Erdbeeren verziert war. Grinsende Smilies und weißrote Collagen aus geronnenem Blut und Sahne zierten die Wände. Mehrere der Carabinieri mussten sich erbrechen und verunreinigten so den Tatort, sodass sie von ihren Kollegen verhaftet und in Untersuchungshaft gebracht wurden, wegen Verstoß gegen das Gesetz zur Tatortverschmutzung. Der Capo persönlich besichtigte den Tatort und fragte mich nach meiner fachkundlichen Meinung als ehemaliger Pathologe, der neben seiner Arbeit als Schriftsteller auch gelegentlich als Consulting Detective tätig war.

Ich beugte mich zu den Leichen hinab, von deren Knochen sich die letzten Stückchen Fleisch lösten. Die Maden krochen über die offenliegenden Sehnen. Der Gestank war köstlich süß. Ich spürte ein erregendes Kribbeln in meinen Hoden, das ich mir nicht wirklich erklären konnte. Das alles kam mir so schrecklich vertraut vor.

»Riccardo, wie kannst du nur so nah ran, das ist ja widerlich«, fragte der Capo und hielt sich ein Stofftaschentuch vor sein Gesicht.

»Ah, nichts als Gewöhnung«, sagte ich und spähte fasziniert durch eine klaffende Öffnung in das Innere einer der Leichen, das nur noch aus rotbraunem Schlamm bestand, aus dem vereinzelte weiße Knochen ragten. »Ich habe so etwas schon oft gesehen. Und du weißt ja, dass ich auch Horrorgeschichten schreibe. Für die Recherche habe ich schon einige recht unappetitliche Dinge tun müssen.«

Ich richtete mich wieder auf und betrachtete den Tatort.

»Und, was glaubst du?«

»Ich glaube, wir haben es hier mit einem professionellen Irren zu tun, der zu viel Netflix-Serienkillerserien gesehen hat.«

»Eine kranke Bestie, dafür muss ich kein Experte sein, um das zu sehen. Siehst du irgendwelche Beweise, irgendetwas, was uns weiterhelfen könnte?«

Ich nahm eine Packung Haribo Primavera Schaumzucker-Erdbeeren aus der Innentasche meines Mantels und warf mir ein paar der Süßigkeiten in den Mund. Während ich sie mir auf der Zunge zergehen ließ, lächelte ich.

»Nein, es tut mir leid. Ich befürchte, wir haben es hier mit einem Profi zutun, der dir eindeutig überlegen ist. Aber ich habe so das Gefühl, dass das hier das Ende seiner Mordserie ist. Wir haben den Schauplatz entweiht. Die Handlung ist zu ihrem Ende gekommen.«

Das Erwachen

Monika Loerchner

Als ich ihm in die Augen sah, wusste ich schlagartig, dass Isabella nicht mein richtiger Name war. Ich wusste es so sicher, wie ich wusste, dass am nächsten Morgen die Sonne aufgehen würde und am Abend wieder unter. Mein nächster Gedanke war, dass ich wohl nicht nur einen ganz schönen Brummschädel von der gestrigen Nacht davongetragen hatte, sondern auch noch eine gehörige Portion Restalkohol im Blut haben musste.

Aber wenn man sich nicht betrinken durfte, wenn der erste Liebesurlaub so verlief, dass man seinen Freund einfach nur noch loswerden wollte und man dann plötzlich in einer ziemlich schäbigen Ferienwohnung saß und sich nur noch mit toten Dingen unterhalten konnte, wann dann?

Ich heiße nicht Isabella – der Gedanke drängte sich immer weiter in den Vordergrund. Hinzu kam, dass ich nicht wegschauen konnte.

Der Mann, dessen Blick den meinen so gefesselt hielt, mochte um die fünfzig sein. Sein Gesicht war wettergegerbt wie das so vieler Einheimischer hier. In seinen schwieligen Händen hielt er eine faustgroße Muschel, die er teils gelangweilt, teils interessiert wirkenden Jugendlichen präsentierte. Ich konnte nicht verstehen, was er sagte, dafür stand er zu weit weg, aber egal.

»Ich werde langsam zu alt für so viel Alkohol«, stellte ich fest. Noch immer schaffte ich es nicht, meinen Blick von dem seinen zu lösen. Ich konnte die Farbe seiner Augen nicht erkennen, aber etwas anderes, ein tiefergehendes Erkennen griff nach mir.

»Ein tiefergehendes Erkennen griff nach mir«, äffte ich mich leise nach. »Ehrlich, Süße, du hast ja eine Vollmeise!«

Ich wandte mich ab und bedauerte es sofort. Eine Gänsehaut kroch meine Arme empor und ich musste regelrecht dagegen ankämpfen, nicht wieder zu dem Mann hinüberzusehen.

»Ich sollte nach Hause gehen und mich hinlegen«, sagte meine Vernunft. Doch der bockige Teil meines Wesens, der immerhin schon mehr als zwanzig Jahre überdauert hatte, bestand darauf, zu bleiben. »Ich habe immerhin Eintritt bezahlt! Da gehe ich doch nicht weg, bis ich mir nicht alles bis zum letzten verdammten Wattwurm angesehen habe!«

Ich seufzte. Es war nicht immer einfach, ich zu sein. Glücklicherweise besaß das kleine Museum am Wattenmeer eine Cafeteria. Ein Fischbrötchen und eine Tasse schwarzer Kaffee würden mich wieder auf Vordermann bringen. Und alles, wirklich alles, war besser, als zurück in diese lausige Klitsche zu gehen, die noch nach dem Wein und dem Ergebnis des Streits von gestern Abend roch.

Für manch frisch verliebte Paare mochte so eine Fehlbuchung inklusive totalem Reinfall in Sachen Interieur (»Wo ist der Router? Stand da nicht was von freiem WLAN? Und wieso ist hier nur eine verdammte Kochplatte?«) romantisch sein; bei Joscha und mir war es das endgültige Ende unserer noch so jungen Beziehung und nach dem intensivsten Rausch, den ich je erlebt hatte, folgte das einsame Danach. Jetzt musste ich erst einmal in Ruhe nachdenken, wie es weitergehen sollte. Ich durfte die Dinge nicht wieder überstürzen.

Der Kaffee war herrlich heiß und der Lachs voll Omega-3-Fettsäuren, die hoffentlich schnell gegen meinen Kater helfen würden.

»Sie zittern ja!«

»Wie bitte?«

Die Stimme klang sanft und männlich zugleich. Nichts an ihr erklärte die heiße Lava, die meine Adern flutete. Noch ehe ich mich zu ihm umgedreht hatte, wusste ich, dass ich den Mann von eben sehen würde.

»Sie zittern«, wiederholte er und legte seine Hände auf meine.

Mir wurde schwindelig.

»Endlich habe ich dich gefunden.« Er lächelte. »Nach all diesen Jahren.«

»Kennen wir uns?«, fragte ich heiser.

Er schüttelte den Kopf, dann nickte er. »Nicht aus diesem Leben. Aber ja, wir kennen uns.«

»Sie sind ja verrückt!« Rasch zog ich meine Hände unter seinen weg und ließ dabei das Brötchen fallen. Wie konnte es sein, dass sich jedes Wort dieses Mannes wie die absolute Wahrheit anfühlte?

»Es tut mir leid, ich weiß nicht, wovon Sie sprechen», nuschelte ich, packte meine Handtasche und ergriff die Flucht.

Zurück in dem, was sich so großzügig *Ferienappartement* nannte, ließ ich mich aufs Bett fallen. Joscha, die zerbrochene Lampe, all die Flecken und der ganze Rest waren mir vollkommen egal. Wichtig war nur, was dieser Irre mit mir gemacht hatte.

Aber *was* hatte dieser Irre mit mir gemacht?

Wir hatten uns in die Augen geschaut. Gut, das passierte schon mal, auch bei Fremden. Wenn man dann nicht gerade flirten wollte — was ich ganz bestimmt nicht vorhatte, Himmel, der Kerl musste mehr als doppelt so alt sein wie ich! —dann schaute man einfach wieder weg und gut. Aber das hier war anders gewesen. Außerdem hatte er mich angesprochenen und behauptet, mich aus einem anderen Leben zu kennen. So ein Blödsinn!

Der Mann schien in dem Museum zu arbeiten. Vielleicht im Rahmen eines Förderungsprogramms für geistig Behinderte? Genau, das könnte sein. Sicherlich nur ein harmloser alter Spinner, oder auch einfach nur ein Scherzkeks, der gern mal unvorbereitete Touris mit Gespenstergeschichten erschreckte. Wäre ich länger geblieben, hätte er mir sicher irgendwelches Seemannsgarn aufgetischt um im Anschluss um eine Spende für *Rettet die Seepferdchen* zu bitten. Und der seltsame Gedanke, dass mein Name nicht mein Name war? Sicher nur irgendein Nachhängsel des Filmes, zu dem ich gestern Nacht im Rausch eingeschlafen war.

Schlafen klang gut, befand ich, plötzlich von einer bleiernen Müdigkeit gepackt.

Das Klingeln riss mich abrupt aus dem Schlaf. Meine Zunge fühlte sich pelzig an und ich hatte — kein Wunder — einen organisch-vertrauten Geruch in der Nase. Hastig rappelte ich mich auf und drehte die Bettdecke um. Dann schlurfte ich ins Badezimmer, spülte mir Mund und Gesicht und ging zur Haustür.

Es war er.

»Hallo Airaphone«, sagte er und lächelte. Ich hatte große Lust, ihm die Tür vor der oder meinetwegen auch gegen die Nase zuzuschlagen.

»Was wollen Sie?«

»Mit dir reden! Endlich habe ich dich gefunden, nach all den Jahrhunderten!«

»Sie haben ja nicht mehr alle Latten am Zaun!«

Er ließ sich nicht aus der Ruhe bringen, sondern machte einen Schritt auf mich zu. »Darf ich hereinkommen?«

»Nein, dürfen Sie nicht! Und woher wissen Sie überhaupt, wo ich wohne?«

»Ich bin dem Schatten deiner Seele gefolgt.«

»Ja nee, is' klar. Wenn Sie nicht auf der Stelle verschwinden, schreie ich!«

»Das wirst du nicht tun«, erwiderte er mit seiner sanften Stimme und etwas in mir nickte. Ich würde nicht schreien, sondern ihn hereinbitten.

Zögerlich drehte ich mich um und ging in den einzigen Wohnraum, bloß weg vom Bett, lehnte mich an die winzige Küchenzeile und verstand mich selbst nicht mehr. Was zog mich nur hin zu diesem Mann?

»So ist es brav.« Er war mir gefolgt. Nun verbeugte er sich leicht. »Mein Name ist Hannes Wittmann, aber das tut nichts zur Sache. Du weißt, wie ich früher geheißen habe.«

»Ich habe keine Ahnung.«

Er nickte. »Das Wissen ist in dir verborgen, auch wenn du es noch nicht wahrhaben willst.«

Jetzt reichte es aber!

»Was sind Sie? Ein Betrüger? Oder so ein Mentalkünstler, wie sich das neuerdings schimpft? Ich habe keine Ahnung, was Sie von mir wollen oder woher Sie mich zu kennen glauben.«

»Atlantis.«

Drei Silben, die etwas durch meinen Körper rauschen ließen, das ich erst nach einem Moment als pure, wilde Freude erkannte. »Wie bitte?«

»Wir kennen einander aus Atlantis. All die Jahrhunderte habe ich nach dir gesucht ...«

Ich sagte das Erste, was mir in den Sinn kam. »Hier? An der Nordsee?«

Er bleckte die Zähne. »Natürlich. Zu viele haben die großen Zyklen vergessen, nach denen Okeanos seine Ströme über die Erdplatten schleudert. Doch ich habe dieses Wissen stets bewahrt. Es war nur eine Frage der Zeit, wann du herkommen würdest.« Er deutete Richtung Meer. »Dort draußen liegen nun die Reste von Atlantis begraben. Ich wusste, sie würden deine Seele anziehen.«

»Und wieso erst jetzt, nach so vielen Jahrhunderten?«

Er zuckte mit den Schultern. »Die Erinnerung war mir nicht in jedem Leben gegeben. Meist ging es mir wie dir. Doch nun sind wir beide erwacht.« Seine Augen glitzerten. »Bist du bereit?«

»Ach so.« Seltsamerweise verspürte ich eher Enttäuschung als Erleichterung. Jetzt kam endlich der Höhepunkt dieser ganzen, wirren Rede: Der Coup, bei dem ich mitmachen sollte und für den Mister Psycho unbedingt meine Hilfe in Form meiner Kreditkarte haben musste. »Das können Sie knicken!«

Er lächelte erneut. Ich machte den Fehler und sah ihm in die Augen. Da war er wieder, dieser seltsame, fast gierige Sog.

»Aber nein, es ist nicht so, wie du denkst. Ich will dich an dein Leben vor all diesen jämmerlichen Existenzen hier erinnern.«

Ich hob an, ihm zu widersprechen, ließ es dann aber sein. Vierundzwanzig Jahre alt, kaum den Ex entsorgt, ließ ich mich von einem alten Knacker belabern – wenn das nicht jämmerlich war, wusste ich es auch nicht.

»Lassen Sie mich raten«, erwiderte ich betont kühl und wandte den Blick mit Mühe ab. »Ich schulde Ihnen aus meinem letzten Leben noch Geld?«

»Nein. In deinem letzten Leben bist du eine einfache Bäuerin während des dreißigjährigen Krieges gewesen. Ich fand dich erst, als es schon zu spät war. Du bist nicht einmal zwanzig Jahre alt geworden, bevor sie dich erwischt haben.«

»Na großartig. Können wir jetzt nicht endlich zu dem Teil kommen, an dem Sie mir offenbaren, dass ich eine Prinzessin gewesen bin oder Jesus getroffen habe? So etwas sagen einem Leute wie Sie doch immer, nicht wahr?« Ich lachte höhnisch. »Die Seite im Netz will ich mal sehen, auf der jemand nach einer Séance verkündet, im letzten Leben einfach nur Kuhhirte oder Dienstmagd gewesen zu sein.«

»Du warst einst etwas viel Größeres.« Wieder dieses gierige Glitzern in seinen Augen. »Aber die Berufe, die du in deinen späteren Leben ausgeübt hast, hatten tatsächlich nicht sonderlich viel Glamour, wie es heute so schön heißt.«

»Ich bin Bankkauffrau«, erklärte ich schnippisch. »Sicher nicht das Gelbe vom Ei, aber die Kohle stimmt.«

Er nickte. »Ich bin Meeresbiologe und leite das Museum.«

»Wie aufregend.«

Er zuckte mit den Schultern. »Es hat Jahrhunderte gedauert, bis ich aus meinem Wissen Geld machen konnte. Vorher ist das höchstens an Bord eines Schiffes gegangen.« Er verzog das Gesicht. »Und dort war es mir natürlich unmöglich, meiner Leidenschaft nachzugehen. Wenn man mal von ein, zwei Zwischenfällen absieht. Da ist das hier doch so viel bequemer.«

»Aha. Sie haben also auch schon ein paarmal gelebt, sehr schön.« Bildete ich es mir nur ein oder verströmte das Bett einen intensiveren Geruch als noch am Morgen? »Hören Sie, was wollen Sie eigentlich von mir? Wenn es Geld ist«, ich breitete die Arme in einer hilflosen Geste aus, »dann können Sie gern suchen, aber da werden Sie nichts groß finden. Und falls Sie sonst wie über mich herfallen wollen — sofern Sie das überhaupt noch können — seien Sie gewarnt, ich weiß mich zu verteidigen!«

»Oh ja, das weiß ich!«

»Was wollen Sie?«

»Da weitermachen, wo uns der Untergang von Atlantis unterbrochen hat!«

»Wie bitte?«

Er machte einen Schritt auf mich zu. Die Kante der Arbeitsplatte bohrte sich in meinen Rücken, ich konnte nicht zurückweichen. Gleichzeitig erfasste mich eine Erregung, deren Ursprung ich nicht beschreiben konnte. Zuletzt hatte ich mich gestern Nacht so gefühlt, als ich Joscha so nah gewesen war wie nie zuvor. Aber das war ja jetzt leider unwiderruflich zu Ende ...

»Du und ich!« Er stand nun direkt vor mir und bannte meinen Blick. »Du und ich, Ariaphone, wir waren das perfekte Gespann — und werden es wieder sein! All die Leben, die wir allein verbringen mussten, all die Jahrhunderte, in denen es uns die Götter verwehrten, wieder zusammen zu sein ...«

Schweiß rann mir über die Stirn. »Ich weiß nicht, wovon Sie reden!«

»Oh doch, das weißt du ganz genau. Du musst es nur zulassen und Mnemosyne wird mit dir sein!«

»Ich kann nicht!«

Er kam noch näher. »Willst du denn wieder dein ganzes Leben lang unglücklich sein? Hier und jetzt kann ich dir geben, wonach dich schon seit Jahrhunderten dürstet! Es war noch nie so einfach wie in diesem Zeitalter …«

Mein Herz klopfte wild, ich keuchte. Die Erregung steigerte sich weiter und weiter, meine Gedanken rasten.

»Aber was will ich denn«, schrie ich, »was?«

Als hätte ich ein Lösungswort gesagt, wich er zurück, ein zufriedenes Lächeln auf den Lippen. »Das, was unter deinem Bett liegt«, flüsterte er.

Mein Atem stockte. »Was unter meinem Bett …?«

»Oh ja!«

»Du meinst …« Ich zögerte, aber nur kurz: Er wusste es, woher spielte keine Rolle. »Sie meinen, ich will Joscha wiederhaben?«

»Nein nein!« Er lachte. »Wir beide haben uns bereits hinreichend bewiesen, dass wir nicht nekrophil sind.« Er bleckte die Zähne. »Ich meine das Töten.«

Alles versank in einem Rausch aus Farben, Meer und Erinnerungen. Joschas eingeschnappte Miene und dann die Lampe. Blut an seiner Schläfe. Und nochmal, und nochmal. Mein erstes Mal in diesem Leben. Sein Wimmern. Süßes Blut. Das Messer, so wunderschön und glatt in meiner Hand. Kein einfaches Küchenmesser mehr, sondern eine herrliche stahlharte Klinge. Sticht, schneidet, sticht, schneidet, sticht, sticht, sticht. Oh große Mnemosyne, es fühlte sich genauso herrlich an, wie es immer gewesen war. Wieso nur hatte ich mich all die Jahre dagegen gewehrt?

Ich sah sie alle wieder vor mir: Meine Freunde Yannis, Demian und Didyme. Timaios. Arephanos.

Unser ganzes Volk, vereint in unserer Anbetung des gewaltigen Titanen Atlas. Wir fuhren über Okeanos' türkisblaue Weiten und trotzten jedem Sturm, um die Küstenvölker heimzusuchen und unter ihnen unsere Beute zu machen. Wir opferten ihm, oh ja, mit Sichel und Klinge durch Menschenfleisch, und dafür liebte er uns.

»Nach Atlas' Sturz haben uns die Götter für unsere Taten gestraft«, hauchte ich und vor meinen Augen erschien das untergehende Atlantis. »Uns alle, auf dass wir nie wieder die Geißel der anderen Völker sein werden.«

»Doch wir waren nicht so blind wie die anderen«, flüsterte Arephanos triumphierend, »wir beide waren seine Hohepriester und hatten uns mit den Seelen unserer Opfer die Unsterblichkeit erkauft.«

»Und nun sind wir wieder vereint!«

»Airaphone!«

»Arephanos!«

Noch während ich in seinen funkelnden Augen versank, zog er mich an sich.

»Wir werden wieder groß sein, du und ich«, flüsterte er und ich schmolz dahin in Glückseligkeit.

Im Wald

Monika Loerchner

Manche Menschen glauben, dass es mit dieser Welt deswegen zu Ende ging, weil wir so überheblich geworden sind. Konsumgeil, waffenvernarrt, unsozial. Dass es schlussendlich so kommen musste, weil die Menschheit ihr Gutes verloren und ihrem Schlechten viel zu sehr nachgegeben hat.

Andere glauben, dass das Ganze unausweichlich war, im Grunde aber nicht viel anders ist als Krebs, Aids oder einer der ermüdend vielen Kriege. Immerhin, wenn schon Buchautoren, Spieleentwickler, Filmemacher und eine ganze Survival-Industrie allein mit der *Idee* einer Zombie-Apokalypse Geld verdienen – wieso sollte sie dann nicht auch eintreffen?

Nichts, was einem also so gesehen Angst machen müsste. Einfach nur ein weiteres Problem.

Zugegeben: Dieses *Problemchen* hat drei Viertel der Menschheit das Leben gekostet. Oder es zumindest grundlegend verändert und sie der Zombieseite zugeführt.

»Sie wollen Ihr Leben verändern? Dauerhaft und mit Chancen auf neue Abenteuer? Dann werden Sie Zombie!« – Ich wette, wenn man das den ganzen Hollywood-Affen damals vorgeschlagen hätte, oder irgendwelchen übergewichtigen, gelangweilten Hausfrauen oder ihren feierabendbiertrinkenden Ehegatten, einige von ihnen hätten sogar ja gesagt, es hätte sogar ein *Trend* werden können.

Zombie sein ist in, *en vogue*, der neuste Hit. Zwar weder vegan noch veggie und als Diät auch nur bedingt zu empfehlen, aber immerhin – das muss man ihnen lassen – sind unsere fauchenden Freunde politisch vollkommen korrekt und stürzen sich einfach auf den Nächstbesten. Oder die Nächstbeste, versteht sich.

Früher habe ich mich ja immer gefragt, wie viel noch dran sein muss an einem Menschen, damit er zum Zombie mutiert und nicht einfach tot bleibt. Heute kann ich das ganz gut einschätzen. Das ist also eher eine Ermessensfrage als eine genaue Wissenschaft, aber heutzutage bin ich dankbar für alles, was mich Munition sparen lässt.

Nicht, dass es darauf ankäme. Von den Untoten mal abgesehen, leben wir in einem Schlaraffenland. Nur dass Luxus jetzt keinen Spaß mehr macht.

Dank einiger intelligenter Menschen mit Ahnung von Technik gibt es immer noch Tiefkühlprodukte, die nach einem Sommer ohne Verwesungsgeruch schmecken. Konserven, Gläser und Flaschen machen es einem ebenso leicht, sich tot zu fressen wie sich ins Koma zu saufen. Aber wer will das schon?

Tja, und wieder andere halten das hier für die Strafe Gottes. Nur dass wir dieses Mal nicht aus dem Paradies vertrieben, sondern die Monster hineingelassen worden sind.

Egal wie man sich das Ganze erklärt, die Fakten bleiben. Da draußen ist es nicht mehr sicher. Raubtiere streifen frei und in Rudeln durch die Lande, und sie gehen aufrecht, tragen unsere Gesichter, unsere Kleidung und unsere Namen. Wenn wir sie ansehen, erkennen wir das Schlimmste in uns. Als hätte man alles, was Menschen einander antun können – Mord, Folter, Vergewaltigung, aber auch Dinge wie Neid, Habgier, Maßlosigkeit und wie sie alle heißen – zusammengepresst und der Menschheit zu schlucken gegeben. Herausgekommen sind fauchende, röchelnde, kreischende Zombies, ehemalige Menschen, denen das faule Fleisch streifenweise von den Knochen fällt, sobald sie sich nicht mehr an frischen *Homo Sapiens* gütlich tun können.

Entgegen allen Filmen, Serien und Büchern, die ich kenne, sind die Zombies übrigens nicht auf Menschenfleisch an sich oder auf unsere Gehirne aus, sondern auf unsere inneren Organe, vor allem auf Leber, Milz und Magen.

»Kater an Dani.« Das Funkgerät rauscht. Dann nochmal: »Kater an Dani.«

So wie er es sagt, klingt es, als hieße er *Carter*. Ich denke, er fühlt sich so besser. Cooler, tougher. Wir nehmen dieser Tage, was immer wir kriegen können.

Ich drehe meinen Kopf ein wenig nach links, nehme den Zeigefinger vom Abzug und drücke den Knopf des Funkgerätes, das in meiner Hemdtasche steckt. Mit der linken Hand halte ich nach wie vor den Gewehrlauf, drücke den Kolben gegen meine Brust.

»Dani hier, ich höre?«

Daumen runter vom Knopf, Finger ran an den Abzug.

»Alles roger bei dir?«

Finger weg vom Abzug, Daumen auf den Knopf.

»Ja, hier alles roger.«

Bei dem Wort *roger* verdrehe ich die Augen. Man sollte meinen, dass sich die Menschheit angesichts der Zombieapokalypse auf ihre Wurzeln rückbesinnt, wann immer sie kann, und nicht, dass sie diese pseudocoole Nordamerikanisierung weiter beibehält.

Aber wie ich schon sagte, am Ende soll jeder, wie er meint.

Ich lege meinen Finger wieder auf den Abzug, mustere den Wald vor mir sowohl durch das aufgesteckte Zielfernrohr als auch mit bloßem Auge. Wer hätte je gedacht, dass Verwesung einmal die beste aller Tarnfarben sein würde? Im freien Gelände oder im Wald ist es überlebenswichtig, nicht nach Formen oder Farben, sondern nach Bewegung Ausschau zu halten.

»Gut. Halte dich bereit. Wir gehen in drei Minuten rein.«

Und wieder das gleiche Spiel: Zeigefinger runter, Daumen drauf. Routine, stundenlang geübt, schafft Vertrauen in sich selbst.

»Habe verstanden, Kater. Ich warte auf dein Kommando!«

Fingerwechsel.

»Roger, over and out.«

Beim Gedanken an meine Mutter heben sich meine Mundwinkel um einen schmerzhaften Grad. Sie würde sich im Grab umdrehen, wenn sie wüsste, dass ich Befehle von einem Mann entgegennehme. Aber erstens hat die Zombieseuche nicht nur Milliarden Menschen, sondern auch so ziemlich jeden Rassismus und Sexismus abgetötet – wer beleidigt schon die Frauenhand, die die Knarre hält, mit der sie einem Feuerschutz gibt? – und zweitens bin ich mir nicht sicher, ob sie es noch unter die Erde geschafft hat und nicht vielmehr gerade über ein Weizenfeld wankt und sich dabei frisches Nachbarfleisch aus den Zähnen pult?

Außerdem gibt unser Agent Carter gute Befehle, das muss man ihm lassen. Nicht so wie Walther vor ihm, der einen schon mal eine halbe Stunde lang mit Finger am Abzug dastehen ließ. Es ist unmöglich, so lange den Arm zu heben. Und wenn man sich dann mit der ganzen Anspannung und allem nur noch darauf konzentrieren muss, NICHT zu schießen ... dann kann es einem gehen wie Marko und

Ronny, die vor lauter Aufpassen nicht gesehen haben, was sich von der Seite angeschlichen hat.

Sie können schleichen, oh ja!

Und sie werden immer gerissener. Die Feldwebel bestreiten das, und alle darüber auch. Ob sie selbst daran glauben? Oder wollen sie uns nur keine Angst machen? Jeder, der eine Weile draußen ist, weiß, dass sich etwas in den letzten Jahren verändert hat. Wir haben uns angepasst – also wieso sollten sie es nicht auch getan haben?

Wieso sollte ein Zombie nicht in der Lage sein, zu lernen oder neue Strategien zu entwickeln? Das können selbst Tiere, und die verfügen nicht über ein mehr oder weniger vollständiges menschliches Gehirn.

Die Krone der Schöpfung gepaart mit einer unstillbaren Gier, Menschen zu töten und auszuweiden – das ergibt entweder einen Investmentbanker, einen Lobbyisten der Tabakindustrie, einen Serienkiller oder eben einen Zombie. Wobei man fairerweise beachten muss, dass sie auch nur *übertoten* wollen, oder wie immer man das ausdrücken will.

Eine leichte Brise berührt im Vorüberziehen meinen Nacken. Es fühlt sich fast so an wie neulich, als mich Jeromes Atem beim Tanzen streifte. Damals wie heute stellen sich die Härchen an meinen Armen auf. Genau wie damals wird mein Magen flau und meine Sinne schärfen sich.

»Ich will heute Nacht bei ihm sein!«, wurde mir damals schlagartig klar.

Jetzt ist es die herzzusammenpressende Erkenntnis: »Etwas stimmt nicht!«

Ich drehe mich einmal im Kreis. Geräuschlosigkeit über Schnelligkeit. Doch nichts. Bevor ich der Sache auf den

Grund gehe, löst sich der Zeigefinger und der Daumen übernimmt.

»Dani an Kater, bitte kommen.«

Zeigefinger an Abzug.

»Hier Kater. Was ist los?«

Daumen.

»Etwas stimmt nicht.«

Zeigefinger.

Stille. Dann das funkgerättypische Knacken.

»Was genau?«

Irritierenderweise muss ich wieder an Jerome denken. Ich wollte in jener Nacht – ich *habe* in dieser Nacht Dinge mit ihm angestellt, die ... der Gedanke, dass ich mich damals darüber aufgeregt habe, als ich Nick beim Pornogucken erwischt habe, ist so lästig wie eine Schmeißfliege auf dem Grillgutteller einer Gartenparty, und ich wische ihn weg.

Aber nicht mit der linken Hand, die das Gewehr hält, ohne zu zittern, und auch nicht mit der rechten Hand, deren Daumen wieder den Knopf des Funkgerätes drückt.

»Ich weiß es nicht.« Der Daumen verharrt. »Aber ich weiß es.«

Zeigefinger hoch.

Kater schweigt. Ob er die Augen verdreht oder aufseufzt? Oder die Augen schließt, weil er weiß, dass ich meistens recht habe?

»Roger, wir warten. Soll ich dir Michael und Juri schicken?«

Meine Flügelmänner. Sie schützen meine Flanken, wie ich die von Juri und Gaby schütze. Ich könnte sie mir schicken lassen. Jeder würde einen Platz nach innen aufrücken, unser Netz würde dichter, aber auch enger werden.

Ich überlege. Drei sind besser, aber wenn wir einer Übermacht gegenüberstehen, wären es vergeudete Leben. Außerdem bin ich allein schneller.

»Nein, ich werde erst nachschauen.«

Früher hätte ich gesagt: »Lass mich erst nachsehen«, aber über Funkgerät geht Deutlichkeit über Sprachstil. So vieles, das ich gelernt habe. Ein fairer Austausch, da meine Ausbildung zur Betriebsfachwirtin in der neuen Welt so ziemlich das Nutzloseste ist, was man gemacht haben kann. Gärtnerin, Ärztin oder meinetwegen auch Friseurin. Aber nein. Was blieb mir da, als mich bei der HS-Wehr zu melden? (Neue Freiheit hin oder her, einige der ganz harten Kerle verstehen noch immer keinen Spaß, wenn ich das *Sapiens* in der Bezeichnung unseres Heeres weglasse.)

»Roger. Ich überwache deine Position per GPS. Warte dann auf Meldung«, bestätigt Kater.

Dann mal los.

Wieder kommt eine Brise auf und die Bäume flüstern miteinander. Der helle, lichte Wald vor mir mit den lose verteilten Hellgrünlaubbäumen und kleinen Lichtungen mit vereinzeltem Buschwerk macht mir mehr Angst, als es ein finsterer Nadelwald getan hätte.

Weil man das Grauen nicht im Tageslicht erwartet? Weil das Blut hier nicht im dunkelweichen Boden versickert, still und ungesehen, die Körperteile zwar aufs Scheußlichste verstreut, doch irgendwie zwischen Finsternis und tückischen Pilzen auch am richtigen Ort liegen? Sondern sich hier stattdessen Dinge abspielen, Grauen, das Herzen umklammert und zerquetscht und etwas übriglässt, das noch weniger ein Mensch ist als einer dieser Untoten, während oben im sonnenbestrahlten Baumgebälk die Vögel zwitschern, als wären sie auf einer verdammten Hochzeit?

Ach verdammt, was soll das denn? Wir könnten hier in Disneyland sein oder auch in Freddy Kruegers Keller. Fakt ist, dass etwas nicht stimmt. Ich fühle es mit jeder Zelle meines Körpers. Weibliche Intuition? Oder eher die unterbewusste Verknüpfung kleinster Beobachtungen, die mein oberflächliches Gehirn nicht zusammenzubringen vermag?

Was es auch ist, ich weiß, dass mich mein Gefühl nicht trügt.

Vor mir ein Wald. Raubtiere gibt es hier so gut wie nicht mehr, die haben sich verkrochen oder sind längst verhungert. Anders als es sich so viele vorgestellt haben, bin ich seitdem noch keinem Menschen begegnet, der ernsthaft irgendwelche Machtgelüste gegen eine wärmende Gemeinschaft eintauschen wollte. Wir klammern uns dieser Tage alle aneinander, selbst Kater und ich. Hauptsache Mensch, Hauptsache nicht Zombie, *Homo Sapiens* gegen *Homo Mortuus*.

Sie sind da.

Nicht ein paar, nein, die würden mir keine Gänsehaut verpassen. Nicht mehr, sollte ich wohl sagen, und wenn sie mich im Schlaf besuchen kommen, sind es ebenfalls ganze Horden.

Das da vorn, was im Wald lauert, muss viel, viel schlimmer sein als alles, was ich je erlebt habe. Schlimmer als Dortmund, schlimmer als am Stausee. Ich fühle es in meinen vibrierenden Knochen.

Ich sichte noch einmal die Umgebung, den Finger am Abzug. Hinter mir nichts. Der Wald also.

Durchatmen. Und los!

Geräusche sind um diese Jahreszeit leichter zu vermeiden. Der Boden ist feucht, das übriggebliebene Herbstlaub vom letzten Winter zu einer Matschpampe aufgeweicht. Die Äste stehen in vollem Saft und brechen nicht bei der kleinsten Berührung. Es sind nur wenige Tiere unterwegs. Wir verlassen uns längst nicht mehr darauf, dass sie, wie wir es immer für normal gehalten haben, Alarm schlagen. Das ist in Ordnung, ich nehme es ihnen nicht übel, dass sie unsere Angelegenheiten uns überlassen. Nur die fröhliche Gleichgültigkeit der Vögel, die versetzt mir immer wieder einen Stich. Als würden sie auf unseren Gräbern tanzen wollen.

Ich durchbreche die erste Reihe Büsche. Der lichte Wald öffnet sich vor mir. Auf meiner Nase tanzende Sonnenstrahlen wollen mich zum Narren halten, wandern herüber, kitzeln mein Ohr.

Doch nichts.

Nichts als Bäume, stumm und starr. Überall.

Die Abstände zwischen ihnen sind groß, hinter jedem kann sich einer verstecken.

Sie machen nicht mehr so viel Lärm wie in den ersten Jahren. Schlurfen, Keuchen, Stöhnen ... Sie sind leiser geworden, auch wenn die anderen immer lachen, wenn ich das sage.

Ich gehe weiter. Achte auf jede noch so winzigste Kleinigkeit. Schrecke ein paar kleinere Waldbewohner auf; Nagetiere, die die Mühe nicht wert sind, ihr mageres Fleisch zu braten. Und obwohl ich es bin, die auf der Jagd ist, das Gewehr im Anschlag, fühlt es sich schrecklich falsch an.

Mein linker Arm schmerzt — wie lange werde ich meine Waffe noch hochhalten können? Der gefährlichste Augenblick ist der, in dem ich das Gewehr kurz senke, um den Arm auszuruhen. Das hat mir Alexas Tod beigebracht.

Ich betrete einen anderen Abschnitt des Waldes. Hier sind die Bäume wesentlich kleiner, stämmiger. Ihre Blätter sind von einem geradezu bizarr hellen Grün, welches in dem schwindenden Tageslicht leuchtet, als stünden sie unter Strom.

Mit jedem Schritt, den ich setze, wird die Welt um mich herum düsterer.

»Wir hätten nicht so lange warten dürfen«, geht mir durch den Kopf.

Ironischerweise hat Kater dasselbe gesagt und die Aufräumung des Waldes auf morgen verschieben wollen. Ausgerechnet ich war dagegen gewesen, habe auf ihn eingeredet, es hinter uns zu bringen. Ausgerechnet.

Immer wieder verlässt mein Zeigefinger seine Position und der Daumen will um Hilfe rufen. Verstärkung. Doch die Füße gehen weiter. Nein.

Dennoch drücke ich den Knopf.

»Ich bin tiefer drin«, flüstere ich, lese vorsichtshalber noch meine Position vom Ortungsgerät ab und gebe sie durch. »Alles ruhig hier, nichts als Bäume.«

Ich gehe weiter und weiter, die Sinne zum Zerreißen gespannt.

Was ist das?

Hektisch drehe ich mich einmal um die eigene Achse – bis mir dämmert, dass die knackende Stille des Waldes von meinem Funkgerät unterbrochen worden ist.

Ein Tropfen Schweiß perlt über meine Schläfe. Kater würde es nie riskieren, mich anzufunken, wenn es nicht wichtig wäre. Überlebenswichtig.

»Dani, bitte kommen!«

Daumen.

»Was ist los?«

»Geh sofort da raus!«

Noch im Antworten weiche ich zurück, drehe mich um. Ist das derselbe Weg, den ich gekommen bin? Stand da nicht eben noch ein Baum?

Daumen.

»Was ist los?«

Zeigefinger.

»Deine Position ...«

Mein Arm zittert.

Daumen.

»Was ist damit?«

Zeigefinger.

»Du müsstest eigentlich auf einer Wiese stehen.«

Trockener Mund. Zittern. Daumen.

»Was soll das bedeuten, verdammt?«

Zeigefinger.

»Da, wo du jetzt bist, gibt es keine Bäume mehr.«

Homo Mortuus Sapiens.

Zeigefinger. Zeigefinger. Zeigefinger.

Seine erste Liebe

Leveret Pale

»Wo bleibt er?«, fragte Erik Wetzstein. Sein Magen knurrte nach einem langen Tag, an dem er wieder zwischen Vorlesungen, Gesprächen mit den Studenten und seinem Labor hin und her gelaufen war.

»Ich weiß es nicht«, antwortete Lien, die ihm gegenüber am Esszimmertisch saß. Zwischen ihnen dampfte der Topf mit Spaghetti Bolognese. Der saftige Geruch des gebratenen Rinderhackfleischs und der passierten Tomaten machte Eriks Mund wässrig. Er trommelte mit den Fingern auf den Tisch.

»Er kommt sonst nie zu spät.«

»Das meine ich ja«, brummte Erik, während er resigniert auf das Essen starrte. »Zumindest Pünktlichkeit haben wir dem Idioten beigebracht, weshalb ...«

»Erik!«

»Entschuldigung ... ich mache mir nur Sorgen um ihn ... und langsam verhungere ich.«

»Ich will trotzdem nicht, dass du ihn so nennst. Er ist dein Sohn.«

»Leider«, murmelte Erik.

»Wie bitte?«

»Ah, nichts. Ich mein ja nur, bei ihm ist es ja keine wirkliche Beleidigung. Aus psychiatrischer Sicht ist er ja einer.«

»Die Welt besteht aber nicht nur aus der Wissenschaft, auch wenn das euch Professoren manchmal so erscheint. Es gibt auch noch Gefühle und Konventionen. Du liebst Tobi doch, oder?«

»Ja«, antwortete Erik und unterdrückte dabei einen Seufzer.

»Dann nenne ihn nie wieder so.«

In dem Augenblick rasselte der Schlüssel in der Haustür.

»Mama, Papa! Tobi ist wieder da!«, rief ihr Sohn aus dem Flur. Lien warf Erik einen warnenden Blick zu. Diesem lag bereits ein neues Argument auf der Zunge, aber er verkniff es sich. Stattdessen hob er die Hände und flüsterte: »Okay, es tut mir leid.« Dann rief er laut: »Hey, Tobi. Da bist du ja endlich! Wir sind im Esszimmer.«

Als ihr Sohn den Raum betrat, beugte er sich unter dem Türrahmen hindurch, gab ein erstauntes Kichern von sich und stakste fröhlich glucksend zu seinem Platz. Er ließ sich auf den Stuhl fallen. Trotz seiner Größe wirkte er wie ein Kind, dessen Augen sich neugierig und arglos in alle Richtungen umsahen. »Hallo.«

»Hallo«, grüßte Lien und lächelte.

Erik sah gar nicht erst auf, sondern griff nach dem Löffel, um seinen Teller vollzuladen. Währenddessen fragte er: »Wo warst du so lange? Ist irgendetwas in der Werkstatt vorgefallen?«

»Nein nein.« Tobi grinste.

»Du scheinst aber gut drauf zu sein, ist ... Moment mal? Ist das Blut?«, fragte Lien und runzelte die Stirn. Tobis Shirt war mit zahlreichen kleinen dunkelroten Flecken besprenkelt. »Hast du dich verletzt?«

Tobi sah auf seine Brust hinab. Sein Gesicht verzerrte sich zu einer Maske des Erstaunens. Seine Augen weiteten sich. Er zog die Lippen ein und schüttelte den Kopf. »Nein. Nein. Kein Blut. Wir haben ... Wir haben heute einen Tisch lackiert. Ich habe die Schutzkleidung vergessen.«

»Und ich habe mir schon Sorgen gemacht«, sagte Lien. »Das nächste Mal zieh dich richtig an, okay.«

Tobi nickte eifrig. »Klar, Mama.«

»Die Klamotten sind trotzdem ruiniert«, merkte Erik an und begann zu essen, doch Tobi lächelte nur noch mehr. Seine Wangen glänzten rot und in seinen Augen glaubte Erik ein lebhaftes, fast intelligentes Leuchten erkennen zu können. Es war, als würden kalte Finger über seinen Nacken streichen. Er schluckte und fragte: »Was ist los? Tobi, was ist passiert?«

»Ich ...« Tobi zuckte mit dem Kopf hin und her, als würde sein Körper mit sich selbst kämpfen. »Ich will euch etwas sagen.«

»Du hast aber nichts angestellt?«, fragte Erik.

»Dann wäre er wohl doch nicht so glücklich«, wandte Lien ein. »Also, was ist Schönes passiert? Wurdest du befördert? Hat Jörgen dich gelobt?«

Tobi starrte auf seinen Teller. »Ich habe eine Freundin.«

Stille. Lien und Erik tauschten Blicke aus. Erik hob die Augenbrauen und zuckte mit den Schultern. Tobi sah zwischen ihnen hin und her.

»Das ist ja schön«, sagte Lien dann und ihr Gesicht strahlte. »Wie heißt sie denn?«

»Honigmäulchen.«

Lien wurde rot und hielt die Hand vors Gesicht. Erik ließ die Gabel fallen und schüttelte den Kopf, während er lachend nach Luft schnappte und jauchzte: »Ihr richtiger Name, Tobi, ihr richtiger Name. Honigmäulchen – so heißt doch kein Mädchen. Wie ist ihr Vorname?«

Tobi sah irritiert seinen Vater an. »Oh. Pauline.«

»Das ist ein schöner Name«, sagte Lien. »Woher kennst du sie? Von der Arbeit? Ich wusste ja gar nicht, dass bei Jörgen auch Frauen arbeiten.«

»Nein, nein. Ich habe sie in einem, ähm ...«, Tobi kniff die Augen zusammen, »... in einem Café getroffen.«

»Wie romantisch. Und wie ist sie so?«, fragte Lien.

»Schön und sehr stark.«

»Ist sie Feministin?«, fragte Erik. Lien rollte mit den Augen.

»Femi – was?«, fragte Tobi und sah sich verwirrt um.

»Setzt sie sich für die Rechte von Frauen ein?«, fragte Lien.

Tobi schüttelte den Kopf. »Nicht, dass ich wüsste.«

»Na ja, das ist ja aber trotzdem großartig, dass ihr zusammen seid«, sagte Erik überschwänglich. »Willst du sie vielleicht mal zum Essen mitbringen und sie uns vorstellen?«

»Sie geht nicht raus. Sie bleibt lieber drinnen.«

»Eine introvertierte Stubenhockerin also«, sagte Erik. »Da haben sich ja zwei gefunden. Ist ja großartig.«

»Ja ... Ich gehe nochmal raus«, sagte Tobi, den Kopf gesenkt und den Blick auf seinen Schoß gerichtet. »Darf ich? Ich esse später fertig.«

»Natürlich. Gehst du zu ihr?«, fragte Lien schnell, als sie sah, dass Erik sich dagegen aussprechen wollte. Schließlich wollte er nicht umsonst gewartet haben. Tobi nickte.

Als ihr Sohn gegangen war, lehnte sich Lien zurück und lächelte Erik an, der die letzten Reste des Essens aus dem Topf auf seinen Teller kratzte. »Ist das nicht schön?«

Erik schüttelte den Kopf. »Ich kann das irgendwie nicht glauben. Ich meine, bei seiner Kondition ...«

»Das bist typisch du.« Seine Frau lachte. »Dein ständiger Skeptizismus ist ja auch schon eine Behinderung. Stell dir vor, auch Menschen, die nicht solche intellektuellen Dickschädel sind wie du, können im Leben erfolgreich sein. Vor allem bei deinem Sohn solltest du etwas zuversichtlicher sein. Es wurde ja auch mal langsam Zeit. Er ist mittlerweile achtundzwanzig und da sollte er Erfahrungen machen.«

»Trotzdem. Ich bin da irgendwie misstrauisch. Ich hoffe, er tut nicht irgendetwas Dummes.«

»Ah, du alter Pessimist. Wir haben alle mal dumme Dinge getan und daraus haben wir gelernt, uns weiterentwickelt. So oder so tut ihm das gut.«

»Ich weiß, du hast recht. Es tut mir leid. Ich habe ihn wohl tatsächlich unterschätzt.« Erik nickte. »Ja, weißt du was, wir sollten das feiern. Ich hole den guten Rotwein.«

»Aber den werden wir nicht hier unten trinken.« Lien lächelte. »Ich hole den Rotwein und Du wirst hier zur Abwechslung den Abwasch machen. Und dafür gibts oben gleich noch was Besseres zu Naschen.«

Draußen war es bereits dunkel. Der Vollmond hing am wolkenlosen Himmel und tauchte die Nachbarschaft in ein mattes Leuchten, durch deren Schatten eine einsame Gestalt in den brachliegenden Hinterhof der Wetzsteins schlich. Alte Fahrräder rosteten dort zwischen dem wuchernden Unkraut. Auch wenn sich Erik und Lien seit Jahren immer wieder vornahmen, dort aufzuräumen, verschob sich das Vorhaben jedes Mal, sodass es mittlerweile mehr eine Art private Müllhalde war als ein Garten. Aber da der Hof eingequetscht zwischen den Rückwänden der anderen Häuser versank, war er außerhalb der Sicht, und damit aus dem Alltagsbewusstsein. Tobi sah sich um.

Es war still. In den Nachbarhäusern waren die Lichter erloschen und in seinem Elternhaus ging gerade das Licht hinter den Jalousien des Schlafzimmers seiner Eltern an. Niemand sah ihn, als er auf den alten Gartenschuppen zuging, der einst als Heimlabor seines Vaters gedient hatte, bevor die Universität ihre Labore modernisiert hatte.

An der Tür hing ein großes Messingschloss, das im Mondschein dunkel funkelte. Tobi sah nach links und rechts. Abgesehen von einer Krähe, die über den Hof hüpfte, war niemand in Sicht. Er zog einen Schlüssel hervor und sperrte auf. Dann öffnete er die knarzende Tür einen Spaltbreit, sodass das Mondlicht auf eine zusammengekauerte dunkle Gestalt fiel, die mit den Handgelenken an der Wand festgekettet war. Ein dumpfes Stöhnen begrüßte ihn, als er hineinschlüpfte und hinter sich wieder zusperrte. Er blinzelte, doch seine Augen gewöhnten sich schnell an die Dunkelheit.

Er nahm die blutverschmierte Eisenstange, die neben der Tür lehnte und trat vor die angekettete Frau. Ihre blonden Haare waren mit dunklen Blutsträhnen durchzogen, und vertrocknete Blutspuren strömten aus ihren mit Bisswunden übersäten Brüsten. Durch die Bondageknebel hindurch rasselte ihr Atem. Ihre mit Blutergüssen umkreisten Augen öffneten sich, sodass sich das Mondlicht in den vor Gier funkelnden braunen Iriden brach.

»Ich habe meinen Eltern von dir erzählt«, sagte Tobi und packte die Frau am Hinterkopf, um den Verschluss des Knebels zu öffnen. Als die mit Spucke und Erbrochenem verschmierte Kugel auf den Boden fiel, schnappte die Frau keuchend nach Luft. Nach mehreren tiefen Atemzügen wisperte sie durch ihre gerissenen Lippen: »Wie viel?«

»Nur deinen Usernamen und deinen Vornamen.«

»Idiot, das ist schon fast zu viel. Hast du Ihnen auch gesagt, dass wir uns aus dem Internet kennen?«

Tobi schüttelte den Kopf. »Nein. Das bleibt unser kleines, dreckiges Geheimnis.« Er grinste.

»Großartig«, säuselte die Frau und grinste ebenfalls. »Und jetzt gib es mir hart, Darling.«

»Nichts lieber als das«, sagte Tobi und holte mit der Eisenstange aus.

Am Fluss

Monika Loerchner

Etwas ist anders. Obwohl die Männer noch vor einer halben Stunde geschworen hätten, dass dies nicht möglich ist, hat die Luftfeuchtigkeit noch weiter zugenommen. Die schwere Luft durchdringt jede noch so fest gewebte Kleidung. Schweiß dringt aus jeder einzelnen Hautpore, vermischt sich mit dem schwülen Atem des Regenwaldes und hinterlässt das widerliche Gefühl, im wahrsten Sinne des Wortes im eigenen Saft zu schmoren.

Was Johnny Englund aber weitaus mehr beunruhigt, ist die Stille. Hier am Fluss ist es zwar immer leiser als inmitten des Dschungels. Trotzdem haben auch hier vereinzelte Schreie der Regenwaldbewohner das leise Rauschen des Wassers, das unregelmäßige Brummen des Bootsmotors und das Schnaufen, Rattern und Pumpen des Goldsaugers bereichert.

»Hey Mann, träumst du?« Rodriguez stößt Johnny einen Ellenbogen gegen die Rippen. »Wenn du dein verdammtes Abendessen nicht haben willst, Mann, dann gib es mir und lös Martin ab!«

Johnnys Blick geht stur an Rodriguez vorbei. »Das hier ist meine Pause und in meiner Pause mache ich, was ich will, comprende? Martin isst später Abendessen.«

Rodriguez zuckt mit den Schultern und widmet sich wieder seinem Teller. Humpert und Miller tauschen einen besorgten Blick. Hier, inmitten der amazonischen Wildnis hängt ihr Überleben davon ab, dass sie zusammenhalten. Hier ist der Mensch der ungebetene Eindringling und niemand, der seine fünf Sinne beieinander hat, kommt hierher. Es sei denn, er ist der gefährlichsten aller Süchte verfallen, dem Goldrausch.

Letztes Jahr hatten Miller, Humpert und Englund während einer achttägigen Amazonas-Tour zufällig von einer indigenen Legende erfahren. Der zufolge soll in genau dieser Flussbiegung ein gewaltiger Goldschatz ruhen, der von zornigen Drachen bewacht wird. Als gebildete Westeuropäer war ihnen natürlich sofort klar, dass es sich bei den *Drachen* nur um Krokodile handeln kann. Besonders Mohrenkaimane können beängstigend groß werden. Soeben hat sich ein besonders hässliches Exemplar von der ihnen gegenüberliegenden Sandbank ins Wasser gleiten lassen.

»Comealong, pass auf!«

»Ich hab ihn gesehen, Johnny!«

Comealong, ihr eingeborener Führer, steht im Fluss und hält Wache. Unter Wasser befindet sich der achtzig Zentimeter hohe Sicherheitskäfig, in dem ihr Taucher Martin mit dem Sauger arbeitet. Es gilt stets die Augen offen zu halten, denn das dicke Rohr, durch das der Sauger das hoffentlich goldhaltige Flussgeröll in die Waschanlage auf dem Boot transportierte, sowie die Seile, mit dem der Käfig an dem flachen Boot festgemacht ist, können durch Krokodile oder durch das Wasser treibende Baumstämme beschädigt werden.

»So, fertig. Ich gehe dann mal den Zaun überprüfen.« Damit meint Rodriguez die angespitzten Pflöcke, die die Männer rund um ihr kleines Lager am Flussufer in den Boden gerammt haben. »Nicht, dass sich was von hinten an uns ranschleicht.«

Der Südamerikaner bleckt die Zähne zu einem Grinsen. Der Saft des Tabaks, den er ständig kaut, hat sie braun verfärbt. Kaum zu glauben, dass Rodriguez normalerweise in einem piekfeinen Büro sitzt und sein Geld zählt. Geld, das ihre Expedition erst ermöglicht hat.

»Da, was ist das?« Humpert stellt seinen Teller ab, greift nach seiner Machete und macht einen Schritt vorwärts auf den Fluss zu. »Da, Comealong, da hinten in den Büschen!«

Miller und Rodriguez stehen ebenfalls auf. Johnny kneift die Augen zusammen. »Meinst du da hinter der Sandbank?«

»Genau!«

Fünf angespannte Gesichter beobachten, wie etwas die Büsche immer mehr in Bewegung bringt.

»Ist doch egal, was da kommt«, murmelt Humpert. »Ist doch der Fluss zwischen, kann uns doch egal sein.«

Seine mürrische Miene kann die anderen nicht täuschen, jeder hat das Zittern in seiner Stimme bemerkt.

Miller schluckt. »Genau. Und wenn's Shir Khan persönlich wäre, der könnte uns gar nichts!«

Rodriguez lacht. »Ein Tiger, du Vollidiot, was glaubst du, wo du hier bist?«

Auch Johnny und Humpert grinsen. Nur Comealongs Miene bleibt starr. »Da, es kommt!«

Und tatsächlich teilt sich das Gebüsch. Fell kommt zum Vorschein, ein massiger Körper drängt sich aus dem grellen Grün auf den schlammigen Grund der Sandbank. Die Männer atmen auf.

»Es ist nur ein Wasserschwein!«

Das Capybara hebt seinen massigen Kopf und schnüffelt. Dann trippelt es in erstaunlich zügigem Tempo auf das Wasser zu. Das Tier hat kurzes, enganliegendes Fell und mag um die sechzig Kilo wiegen.

»Was meint ihr, Jungs?« Rodriguez schnalzt mit der Zunge und greift zu seinem Gewehr. »Das wäre doch mal eine schöne Abwechslung!«

Comealong wirbelt herum. »Bist du wahnsinnig? Der Bootsmotor und der Sauger machen so schon genug Krach, das macht die Kaimane aggressiv! Wenn du jetzt noch schießt, dann –«

Ein quiekender Schrei lässt den Eingeborenen erneut herumwirbeln. Einen Schreckensmoment lang sieht es aus, als wären dem Wasserschwein weitere Gliedmaßen gewachsen. Johnny blinzelt und das Bild löst sich auf. Rot färbt das Fell des Säugetiers, ein Schwanz peitscht auf das Wasser. Mit einer geradezu grausamen Langsamkeit zieht der Kaiman seine Beute unter Wasser. Ein kurzes, rotes Aufsprudeln. Dann nichts mehr.

»Verdammt«, keucht Miller und fährt sich durch die Haare. »Wo kam das Vieh denn her?«

»Comealong, du Bohnenfresser!«, entfährt es Rodriguez. »Wofür bezahlen wir dich eigentlich?«

»Beruhige dich!«, sagt Johnny. »Comealong macht seinen Job gut. Wir leben alle noch, oder? Er behält unsere Seite des Flusses, den Käfig mit Martin und dem Sauger und das Boot im Auge, und das macht er gut. Was auf der anderen Seite des Flusses passiert, ist nicht unser Problem.«

»Das könnte es aber werden.« Trotz der ihm entgegenschlagenden Aggressivität bleibt Comealongs Stimme ruhig. »Das Wetter bereitet mir Sorgen.«

Also doch.

»Es ist die Stille, stimmts?« Johnny dreht sich um und mustert den dichten Wald, der hinter ihnen liegt. »Keine Papageien, keine Affen, nichts.«

»Genau. Ich fürchte, ein Sturm zieht auf.«

Miller runzelt die Stirn. »Und? Meinst du, wir haben Angst vor ein bisschen Regen?«

»Es sind die Kaimane.« Zu Johnnys Überraschung hat sich Furcht in Rodriguez' Stimme geschlichen. »Sie werden unruhig, wenn das Wetter umschlägt. Wühlen mit ihren Schnauzen den Flussgrund auf, sodass man nichts mehr sieht. Unser Mann in dem Käfig dürfte bald so gut wie blind sein. Viele Tiere flüchten aus dem Wald, wenn ein Unwetter kommt. Blitze schlagen ein und es zieht sie zum Fluss hin. Der Schlamm tarnt die Kaimane bis zum letzten Moment. Dann beginnt ihr Fressfest. Wir sollten zusehen, dass wir hier wegkommen.«

»Und Ausrüstung im Wert von Tausenden zurücklassen?« Humperts Stimme ist schrill. »Du hast sie ja wohl nicht mehr alle! Klar, du kannst es dir leisten, aber für uns steht hier alles auf dem Spiel! Ich habe eine Hypothek auf das Haus aufgenommen, bald bekommt Maria das Baby, ich brauche dieses verdammte Gold!«

Er hebt drohend seine Machete.

Miller nickt. »Ich auch. Mach, was du willst, aber Ausrüstung und Boot bleiben hier!«

Rodriguez springt auf, seine Finger fest um den Lauf seines Gewehres gekrallt. »Ach ja?«

Einen Moment lang herrscht Stille. Johnny will gerade zu einer Antwort ansetzen, als Comealong einen Schrei ausstößt. Abgelenkt durch den Streit hat er den Baumstamm zu spät bemerkt, der auf dem Fluss treibt und ihn umstößt. Comealong fällt der Länge nach ins Wasser, taucht aber zu Johnnys Erleichterung fast sofort wieder auf.

»Mensch Comealong, hast du mir einen Schrecken eingejagt. Mann, du solltest –«

Weiter kommt Johnny nicht. Ein riesiges, schlammbraunes Etwas. Aufpeitschendes Wasser und ein Maul voller Zähne. Ein Schrei, den Johnny nie wieder vergessen wird. Immer mehr Wasser spritzt, Gliedmaßen zucken, dann plötzlich Stille. Und wieder rotes Wasser.

Noch bevor Johnny einen klaren Gedanken fassen kann, nimmt er in den Augenwinkeln Bewegungen wahr. Als wäre der Angriff auf den Fährtenleser das vereinbarte Signal gewesen, kommen sie aus allen Richtungen. Flussgebüsch teilt sich und sie kriechen hervor, zu Hunderten, wie es Johnny vorkommt. Die Augen der Kaimane scheinen heimtückisch zu glitzern, während sie zu ihren Artgenossen ins Wasser gleiten. Und noch immer ist es, bis auf das Brummen der Geräte und das leise Rauschen des Flusses, vollkommen still.

»Wir müssen aufs Boot!«, schreit Humpert und rennt als Erstes los. Rodriguez legt sein Gewehr an, lässt es aber sofort wieder sinken. Selbst wenn er mit jeder Kugel ein Krokodil erlegt, sind die Riesenechsen noch immer in gnadenloser Überzahl.

Sie rennen zum Boot. In der Ferne grollt Donner. Wind kommt auf und fegt immer dunkler werdende Wolken über die Köpfe der vier Männer hinweg. Dann setzt der Regen ein.

»Der Sturm geht los«, schreit Rodriguez. Seine Augen sind weit aufgerissen. »Wir müssen den Hauptstrom erreichen, da kommen diese Teufelsviecher nicht hin, da sind wir sicher!«

Johnny übernimmt das Steuer. Jetzt kommt ihm Comealongs Warnung nicht mehr so lächerlich vor. Wenn der Regen noch stärker wird, wird er kaum noch etwas sehen können. Ein Baumstamm, der ein Loch in das Boot schlägt oder den 150 PS-starken Dieselmotor beschädigt, kann tatsächlich ihr Todesurteil bedeuten.

Er schaut auf den Fluss, dessen Strömung deutlich zugenommen hat. Von seinen tödlichen Bewohnern ist nichts mehr zu sehen.

»Sie sind abgetaucht und warten unter Wasser auf ihre Beute«, fährt es Johnny durch den Kopf und er schaudert. Als könnten diese Biester tatsächlich strategisch denken. Dann reißt er sich zusammen. »Macht die Leinen los, Männer, und dann nichts wie weg hier!«

»Was ist mit der Ausrüstung?«

»Scheiß auf die Ausrüstung, oder willst du nochmal da rausgehen?«

Miller schaut zu dem so harmlos aussehenden Streifen Land, hinter dem sich das dichte Buschwerk des Regenwaldes verbirgt. Die Holzspieße, die sie zur Sicherung des Lagers aufgestellt hatten, sichern das Lager nur von hinten und den Seiten gegen Krokodile, nicht aber gegen die im Fluss. Miller muss nur an Comealong und das Wasserschwein denken, um sich daran zu erinnern, wie verdammt schnell diese Bestien sein können. Und wenn es stimmt, was Rodriguez gesagt hat, kann es gut sein, dass hier auch bald Jaguare oder Pumas auftauchen. Er schüttelt den Kopf.

»Mich kriegt keiner mehr da raus!«

»Dann los!«

Das Donnergrollen kommt näher und der Wind wird immer heftiger. Lange kann es nicht mehr dauern, bis sich die Wut des Gewitters über ihnen entlädt. Jeder sichert sich mit einem Seil, damit sie der Wind oder ein Schlag gegen das Boot nicht ins Wasser schleudern kann. Johnny wirft den Motor an.

»Moment«, Rodriguez reißt Johnny an der Schulter zu sich herum. »Was ist mit Martin und dem Sauger?«

Johnny schüttelt den Kopf. »Keine Zeit. Zieh den Schlauch und die Seile raus, dann können wir wenigstens die Waschanlage retten.«

»Und was ist mit Martin?«

Johnnys Blick geht stur an Rodriguez vorbei. »Habe ich das nicht schon gesagt? Martin ist später Abendessen.«

Gülen hat es satt

Monika Loerchner

An jenem Tag war es trügerisch hell. Die Luft klirrte vor Kälte und war gleichzeitig so klar, als wäre sie etwas, das man wahrhaft greifen könnte. Ich war vierzehn und wusste es eigentlich besser. Dennoch, als die Jungs von nebenan anfingen, Sedef und mich als Opfer und *Döner aus Angsthasenfleisch* zu beschimpfen, wagte ich mich auf das Eis.

Was dann geschah, ist so abgedroschen, dass es wehtut. Ein paar Jahre vor meiner Geburt hat eine Band namens *Sparks* davon gesungen, dass der Plot des Lebens niemals neu und immer vorhersehbar ist. Und dass wir trotzdem immer wieder aufs Neue von dem überrascht sind, was uns widerfährt.

Was ich mit Tausenden dummen, leichtsinnigen Jugendlichen gemeinsam habe, ist, dass ich überlebte. Was ich mit Tausenden anderen dummen, leichtsinnigen Jugendlichen gemeinsam habe, ist, dass ich eigentlich gestorben bin.

»Ja... Mama! ... Nein... Mama! ... Evet ... Mama!«

»Kind, jetzt stöhn doch nicht so, wenn du mit mir redest!«

»Ich stöhne nicht, Mama, ich ächze. Und ich ächze, weil ich gerade auf dem Crosstrainer bin.«

Ein tonloser Schwall Missbilligung tropft aus dem Lautsprecher meines Handys. Er ist giftig-violett mit grünroten Zacken. Keine Chance, dass ich dieses Zeug freiwillig einsauge. Es fließt träge die Handy-Halterung herab und sammelt sich am Boden.

»Lass liegen, tritt sich fest.«

»Lass liegen, freut sich die Putzfrau!« Die bin dummerweise ich, aber das macht nichts.

Ich richte mich wieder auf. Verschwende meine Puste nicht, um meiner Mutter zum x-ten Mal zu erklären, dass ich weder Zeit noch Lust habe, mein Training für ihren täglichen Anruf voller Banalitäten zu unterbrechen. Ich meine, sie weiß ganz genau, wann ich auf den Crosstrainer gehe – was soll das also?

»Na schön«, beendet sie schließlich ihr Schweigen. Sie kann einfach nicht lange still sein. »Dann lasse ich dich jetzt mal in Ruhe. Man will sich ja nicht aufdrängen!«

Sie schnieft theatralisch, doch auch darauf falle ich nicht mehr herein. Der Trick besteht darin, einfach die tägliche halbe Stunde über sich ergehen zu lassen. Man erspart sich viel Mühe, wenn man gar nicht erst versucht, das Telefonat vorher zu beenden. Nach Ablauf dieser Frist wird aber selbst meiner Mutter klar, dass sie im Grunde nichts zu erzählen hat. Da wir jetzt bereits bei Minute achtundzwanzig sind, male ich mir gute Chancen aus und halte einfach still. Zumindest redetechnisch. Der Rest von mir schuftet weiter, läuft einen imaginären Meter nach dem anderen.

»Dann machs mal gut«, kapituliert sie mit einem erneuten Seufzen. »Allaha ısmarladık!«

»Güle güle, Anne! Seni seviyorum!«

Sie schnauft, ringt mit sich. Verdrossenheit gegen Muttergefühle. Meistens gewinnen die. So auch jetzt und der Lautsprecher färbt sich in ein warmes honiggelb.

»Bende seni seviyorum, Mausezausel!«

Der zweiundzwanzigjährige Mausezausel *rennt* noch weiter, bis er die zwanzig Kilometer voll hat. Dann folgt eine

Stunde Hanteltraining und Liegestütz und dreißig Minuten Sit-Ups. Mein übliches Tagespensum. Wenn sonst nichts anliegt. Oder anlag.

Am Abend habe ich einen Termin. 23:00 Uhr, hoffentlich dauert es nicht zu lange. Morgen früh dann ausgerechnet Vorlesung bei Professor Müller-Reinhart, Accounting and Finance, und gerade mal die Hälfte der Wochenlektüre dafür gelesen. Eigentlich wollte ich mich gestern dransetzen, aber da war ein Notfall dazwischengekommen.

Noch heute wache ich ab und zu auf, schweißgebadet und gleichzeitig zitternd vor Kälte. Die Kälte ist in meinem Kopf. Die Kälte und die Wut.

Als ich damals ins Eis eingebrochen bin, war alles ganz genau so, wie ich es in zahlreichen Büchern gelesen habe, dass einem die Kälte die Luft aus den Lungen presst. Dass einen der Schock panisch werden lässt. Dass einen das eigene Gewicht hinunterzieht. Dass man das Loch nicht wiederfindet. Und so starb ich und war so unfassbar wütend. Ich konnte nicht glauben, dass ich schließlich auf diese Art sterben sollte. Mit vierzehn wohlgemerkt. »Wenigstens sterbe ich nicht als Jungfrau!« — Hatte ich das tatsächlich gedacht oder bilde ich mir das nur ein?

Irgendetwas habe ich auf jeden Fall gedacht, als ich immer tiefer ins Wasser hinabsank. Längst konnte ich meinen Körper nicht mehr spüren. Bis auf das unbändige Verlangen zu atmen. Mir war absolut klar, dass ich sterben würde. Dass ich den Drang zu atmen nicht mehr lange würde unterdrücken können und dass dann das Wasser in meine Lungen strömen würde. Dass der Schmerz grauenvoll sein würde. Es heißt immer, ertrinken sei ein gnädiger Tod, aber auch das war nichts weiter als eine Lüge, wie ich da erkannte, eine so miese, widerliche Lüge, dass es mir den Atem verschlagen hätte, hätte ich noch welchen gehabt.

In mir brodelte Zorn. Es war so unfassbar ungerecht. Sekunden schienen sich in Minuten auszudehnen, in denen nicht etwa mein bisheriges Leben an mir vorbeizog, sondern mein Zukünftiges, das, das ich nie würde leben können. Die Partys und die Jungs. Das Abi, eine Uni, weit weg von zu Hause. Aber zu spät. Ich würde nie ordentliche Titten kriegen oder mir ein Tattoo stechen lassen können. Ich dachte kurz darüber nach, mir in einer dramatischen Geste das Kopftuch herunterzureißen, quasi ein letzter Mittelfinger an die Welt. Stattdessen ballte ich meine gefühllosen Hände zu Fäusten und schrie meine unbändige Wut hinaus. Wenn ich schon sterben musste, dann sollte diese Scheißwelt wissen, was ich von ihr hielt! Ich schwöre, ich hätte in diesem Moment jeden, JEDEN, an meine Stelle gesetzt, wenn ich nur stattdessen hätte weiterleben dürfen. Ich tat einen tiefen Atemzug – und starb nicht. Stattdessen strömte etwas in meine Atemwege. Keine normale Luft, etwas anderes, aber zweifellos sauerstoffreich. Ich keuchte nicht einmal. Und dann sah ich IHN.

»Hallo Gülen!«

»Wer bist du?«, fragte ich. Ich hatte weder Zeit noch Lust, an meinem Verstand zu zweifeln. Im schlimmsten Fall starb ich gerade und hatte Hallus. Könnte schlimmer sein, dachte ich, und vor allem schmerzhafter.

»Ich bin der Teufel.«

Klare Ansage. Doch ich war nicht schockiert oder etwas in der Art. Meine Mutter versuchte auch immer, mich mit Worten zu ködern. Aber das konnte sie schon seit Jahren knicken und wer oder was auch immer dieses Ding mit den glühenden Augen war ebenfalls. Also wartete ich. Und sank tiefer.

»Ich bin der Teufel«, wiederholte das Wesen nach einer Weile. Es sah auf schräge Art zufrieden aus. »Ich möchte dir einen Vorschlag machen.«

»Was denn?«

»Du wirst ertrinken.« Die Luft schien sich um die Augen herum zu verdichten. Nun war ein riesiges Gesicht erkennbar mit Spitzbart, Haaren und Hörnern. Wie man sich den Şeytan eben so vorstellt. »Eiskaltes Wasser wird in deine Lunge strömen und du wirst daran ersticken. Solltest du lange genug die Luft anhalten, was ich bezweifle, könntest du auch vorher erfrieren. Aber das ist wie gesagt nicht sehr wahrscheinlich. Du wirst ertrinken und dann bist du tot.«

»Ach nee.« Die letzten Minuten meines Lebens und ich füllte sie mit Sarkasmus – unser Imam würde einen Anfall kriegen!

»Ich kann nicht verhindern, wie dein Leben endet. Aber ich kann verhindern, dass es heute passiert.«

Das klang schon interessanter! »Soll heißen?«

»Ich kann deinen Tod aufschieben. Für viele Jahre.«

»Aber verhindern geht nicht?«

Das Gesicht ruckte nach rechts und links. »Nein. Der Tod ist eine Notwendigkeit.«

»Und wenn ich viel lieber als achtzigjährige im Bett sterben würde?« Papa und Mesut, wie sie mir eine Predigt über Benehmen halten, weil ich bei Nihans erstem Fastenbrechen laut gelacht habe, ist das zu fassen? »Mit einem knackigen Kerl auf mir drauf?«

Eine Augenbraue hebt sich.

»Achtzig Jahre kannst du leben und dich dann zum Sterben ins Bett legen. Du kannst dir einen knackigen Kerl kaufen oder sonst wie anlachen. Aber du wirst ertrinken.«

»Auch wenn ich in der Kurak Çöl wäre?«

»Auch wenn du in der Sahara wärst!«

»Scheiße.«

Das Gesicht nahm einen gleichmütigen Zug an. »Sterben müsst ihr alle. Ist das Wie wirklich so entscheidend?«

»Ja, schon.«

»Du könntest dich betäuben. Dann würdest du nichts spüren.«

»Aber dann hätte sich auch das mit dem Kerl erledigt.«

»Stimmt.«

Ich hing eine Weile meinen Gedanken nach. Die Situation war einfach zu absurd, um irgendetwas von dem hier ernst zu nehmen. Etwas stieß gegen meinen rechten Fuß, dann an den linken, der Grund des Sees. Dreck wirbelte auf. Irgendetwas nahm mich und drückte mich wieder hoch. Ich schwebte nach oben. Tot oder lebendig?

»Was muss ich dafür tun?«, fragte ich schließlich. »Ich meine, für die achtzig Jahre.«

»Sechsundsechzig wären es«, präzisiert das Gesicht. »Du musst für mich arbeiten. Und ich werde dich verändern müssen.«

Hatte ich eine Wahl? Natürlich! Wusste ich, worauf ich mich einließ? Absolut nicht. Habe ich meine Entscheidung seit jenem Tag bereut? Nein, wie könnte ich bereuen, am Leben zu sein? Ja, wie könnte mir gefallen, was aus mir geworden ist?

Punkt 23:00 Uhr treffe ich mich mit den Jungs auf dem Parkplatz des Restaurants. Der Laden schließt in einer halben Stunde, aber erfahrungsgemäß ist jetzt schon tote Hose. Die Küche ist werktags nur bis 22:00 Uhr geöffnet und um sich zu besaufen, gibt es billigere Läden. Das Lokal wirkt ansprechend, eine gute Mischung aus modern und gemütlich. Ich unterdrücke ein Seufzen. Hätte ich früher gewusst, dass wir heute zu dem neuen Griechen gehen, wäre ich hier vorher einmal essen gegangen.

Die Schrift auf dem Schild über dem Eingang ist blau. Der Schaukasten mit der Speisekarte darin ist weiß, doch darauf prangt eine winzige Karte des Mittelmeers, die Linienfarbe ist blau. Blau sind auch die Bezüge der Stühle und Bänke. Dunkelblau, um genau zu sagen. Hier und dort verharren noch einige starke Empfindungen heutiger Gäste, doch sie verblassen bereits. Außer dem Personal hält sich hier schon seit über einer Stunde niemand mehr auf.

Eine Welle vagen Unmutes schwappt mir entgegen, noch bevor es der Betreiber des Restaurants in den Speiseraum geschafft hat. Er weiß, wer um diese Uhrzeit reinkommt, bedeutet Ärger oder bringt schlechte Neuigkeiten. In diesem Fall hätte er mit beidem recht.

Die Jungs übernehmen das Reden. Zweifellos sehen Süleyman und Yüksel recht beeindruckend aus, zumindest für Deutsche, unsere Männer sind einfach behaarter. Das macht einiges mehr her als so ein glattes Kindergesicht, wie es viele hier bis ins hohe Alter haben. Immer mehr Deutsche lassen sich seit Neustem einen Bart wachsen – und ruinieren ihr männliches Aussehen dann mit einem lächerlichen Etwas auf dem Kopf, das aussieht wie eine haarige Pogaca!

Yüksel ist zudem echt massig, strotzt nur so vor Muskeln. Süleyman hat dieses Hagere, Fiese, Verschlagene in Körper und Gesicht stehen. Macht was her. Bei den Kartoffeln. Der

Mann vor uns scheint aber ein waschechter Grieche oder zumindest Deutscher mit griechischem Migrationshintergrund zu sein. Wenn der Angst vor Körperhaaren hätte, dürfte er sich selbst nie über die Schulter gucken.

Wie ich daneben aussehe, kann ich nur ahnen. Die Empfindungen unserer *Kunden* wechseln stets, wenn sie mich sehen. Aha, eine hübsche, junge, dezent, aber sichtbar geschminkte Muslima in Kopftuch und Jeans, Tradition und Moderne, ein zartes Lächeln auf den vollen Lippen, sanfte, braune Augen über der zugegeben etwas höckerigen Nase. Die Nase, ja, die reißt es rein. Ohne dieses beschissene Ding wäre ich zweifellos wunderschön. Vielleicht ist es besser so. Manche lassen ihren Blick auch über meinen Körper wandern. Spätestens dann macht sich Erleichterung breit, blasslila oder orangefarbener Scheißdreck mit einem Stich ins Braune.

Mal ernsthaft, das ist gelebter Machismo: Ein hübsches, WEIBLICHES, junges Ding wie ich kann ja schon per se nicht gefährlich sein. Aber dann steckt die auch noch in einem Körper, der den Blick eines jeden ins Stocken bringt? Gesicht so lala, dann gehts runter zu den Möpsen.

Da bleibt Mann hängen, keine Frage. Dann aber weiter und — Speckrolle. Speckrolle. Und Speckrolle die dritte. Hahaha. Dann kurze Pause und — tadaa, der Hüftspeck. Sofern ich keine Hose trage, die mir beim Gehen vom Arsch rutscht, quillt der Speck hervor, sobald ich mich hinsetze. Deswegen stehe ich lieber. Sehen kann man das aber trotzdem. Oder ich bilde mir das nur ein, je nachdem. Kein Wunder, dass mich nur Idioten ficken wollen. Besoffene. Oder die ganz Perversen, die denken, ich wäre schwanger. Eins steht fest, solange ich diesen Job hier mache, werde ich definitiv nicht Germanys next Topmodel.

Ich glaube, es ist diese Kombination, die die Menschen mich unterschätzen lässt. Wäre ich hässlich und fett, sie würden mich für eines dieser miesen Schlägerweiber halten, mit Fäusten wie Bierkrügen und einem Organ wie der Anheizer am ersten Tag Wacken. Aber ich bin hübsch, Gesicht und Hände zierlich, alles definiert. Das verwirrt. Und kleine Füße habe ich auch noch. Sikimi ye, vielleicht sollte ich wirklich mal meinen Style überdenken!

Ich höre nicht zu, was die Jungs alles von sich geben – es wird wohl das Übliche sein –, aber der Grieche schüttelt den Kopf. Empörung, Angst, Wut und Stolz vermischen sich zu einem Geschwurbel, das auf Frauen wohl recht anziehend wirkt. Ein Bild von einem Mann!

Nicht mehr lange, wenn er so weiter macht.

»Überlegst du«, sagt Yüksel und erinnert mich wieder daran, wieso ich immer weghöre. Von seinen fünfundzwanzig Jahren hat Yüksel genau fünfundzwanzig in Deutschland verbracht und redet trotzdem, als wäre er geistig behindert. Dass sich mittlerweile auch deutsch-deutsche Leute dieses Gemisch angewöhnt haben, bei der der deutschen Sprache durch türkische Grammatik Gewalt angetan wird, ist nur ein schwacher Trost.

»Ist nur zu deinem Vorteil. Machst du Geschäft mit uns, alles gut. Machst du nicht, dann ...« Yüksel macht eine vage Geste.

Der Grieche reckt das Kinn.

Süleyman ist zwar nicht so viel schlauer als sein Kollege, aber immerhin spricht er richtiges Deutsch.

»Du zahlst an uns oder wir tun dir weh, bis du es tust. So einfach ist das.«

Ist es nicht. Die Zeiten haben sich geändert. Die Polizei, die Ermittlungen, die Methoden. Das goldene Zeitalter der

Schutzgelderpressung ist vorbei, pflegt der Chef immer zu sagen. Aus Nostalgie würde er dennoch daran festhalten. Was allerdings bedeutet, dass wir so wenige Spuren wie möglich hinterlassen dürfen, denn SPUREN SIND BEWEISE! Wenn unser griechischer Freund hier also morgen mit einem blauen Auge und einem gebrochenen Arm in der Notaufnahme oder mit gelöchertem Schädel im Fluss auftaucht, bekommt der Chef ein Problem mit den Bullen. Und wir ein Problem mit dem Chef und das ist nun wirklich nichts, was man haben möchte.

Da komme ich ins Spiel. Hoffentlich nur ein bisschen.

Süleyman versucht es weiter, doch der Grieche gibt sich störrisch.

»Odun«, raunt mir Yüksel zu. Yüksel mag immer jeden, das ist sein Problem.

Süleyman schaut mich an. Ich schüttele den Kopf. Bei dem Alten ist nichts zu machen. Süleyman nickt. In seine schal schmeckende Resignation mischt sich diabolische Vorfreude.

Ich trete vor. Sage nichts. Starre den Griechen so lange an, bis er mich ansieht. Er weiß mich nicht so recht einzuordnen. Nur ernst nehmen tut er mich nicht.

Bei der Verwandlung kann auch meine andere Gestalt nur von dem zehren, was ich habe. Kein Fleisch erscheint aus dem Nichts, auch nicht, wenn es sich grünbraun färbt und von nahezu undurchdringlichen Schuppen umhüllt wird. Zähne, die wachsen und Spitzen formen, müssen aus dem gebildet werden, was der Körper hergibt. Die Klauen. Die riesigen Muskeln. Die Stacheln, der Schweif, die lange, gespaltene Zunge. Der Geifer.

Ich verliere selten die Kontrolle, aber heute fällt es mir schwer, mich fast augenblicklich wieder zurückzuverwandeln. Yüksel legt mir seine knochige Hand auf die Schultern. Er deutet mein Zittern falsch. Denkt vielleicht, ich hätte Angst oder so was, dabei ist es nur die Anstrengung, der es bedarf, den Griechen nicht in Stücke zu reißen und die Jungs gleich mit. Dämon ist Dämon und nicht Schoßhündchen, korrekt. Der Mann vor mir hat die Augen weit aufgerissen. Wenn das hier nichts bringt, nehme ich mir ein Bein vor. Bei seiner Statur dürften das um die fünfzehn Kilo sein. Die Wunde sauber kauterisiert, sozusagen. Wenn ich mit ihm fertig bin, wird es aussehen, als hätte er das Ding vor zig Jahren schon verloren.

Doch der Mann macht mir einen Strich durch die Rechnung. Seine Gefühlsaura verblasst, sodass ich vorgewarnt bin. Schnell mache ich mich bereit. Eine Seele extra ist immer gut. Der Grieche macht noch einen Kiekser und bricht dann zusammen. Noch ehe die mildtätige Seite ihn holen kommt, habe ich die Seele eingesaugt. Sein Körper zappelt noch etwas und dann nichts mehr. Herzinfarkt.

Süleyman tritt ihm in die Seite. Der leicht übergewichtige Körper schwabbelt ein wenig zurück. Süleyman prüft den Puls. Schüttelt den Kopf.

»Sik dalam, hat der ein Glück!« Yüksel lacht. »Kippt einfach tot um der Alte!«

»Ich gehe nach hinten«, sagt Süleyman. Da, wo sich die Frau und vielleicht auch diverse Kinder des Griechen verstecken. Das tun sie immer. Er wird mit ihnen reden und der Chef wird zufrieden sein.

»Gülen?«

»Ja klar.« Ich seufze. »Hab ja schon lange nicht mehr griechisch gegessen.«

Yüksel gluckst. Süleyman tritt – wohl einfach aus Prinzip – nochmal gegen den Toten. Dann gehen die Jungs nach hinten.

»Ja, ja, und die Frau darf mal wieder aufräumen«, grummele ich. Da sind mir die Jobs, die ich vom Teufel persönlich bekomme, wesentlich lieber. Weil interessanter, abwechslungsreicher. Spannender. Nicht so ein Scheiß wie das hier. Aber irgendwie muss ich ja mein BWL-Studium finanzieren, nicht wahr?

Dieses Mal geht die Verwandlung wesentlich schneller. Und der Grieche ist nur noch ein köstlicher Klumpen Fleisch. Zwar etwas zu frisch für meinen Geschmack, aber Menschenfleisch ist Menschenfleisch. In diesem Fall sogar lecker gefülltes, nicht so ein Fastfood-Scheiß wie bei dem Deutschen neulich.

Endlich zu Hause. Das Handydisplay zeigt 0:18 Uhr an. Jetzt muss ich noch die Lektüre für Müller-Reinhart zu Ende lesen. Ich rülpse lange und laut. Der Grieche hatte so viele Haare, dass ich heute Nacht sicher Sodbrennen bekomme. Achtzig Kilo hatte der. Morgen nach der Uni gehts wieder ab auf den Crosstrainer.

Ein ganz normaler Tag in der Junkie-WG

Leveret Pale

Ich saß in der Finsternis des WG-Zimmers. Mein blasser Körper strahlte im Leichenlicht des Laptops, umgeben von Bücherstapeln, verwesenden Instantnudeln; die Wände volltapeziert mit Notizzetteln, wie bei einem paranoiden Verschwörungstheoretiker.

Seit drei Stunden starrte ich, ohne zu blinzeln, auf den Bildschirm. Ich schluckte den trockenen Schleim hinunter, der meinen Rachen verklebte, und drückte eine Taste. *Tak* machte es in der Stille.

Tak. Tak. Ein Lächeln stahl sich auf meine aufgeplatzten Lippen.

Tak. Tak. Taktaktak.

»Ja. Ja. Ja!« Die Plotstrukturen klackten wie Legosteine in meinem Kopf zusammen, vor meinem inneren Auge wuchsen die Worte zum Himmel, alles ergab Sinn.

Tak. Tak. Taktaktaktak.

Endlich. *Tak. Tak. Tak.*

Nach wochenlangem Plotten und Grübeln war ich wieder im Schreibflow. Ich schlug auf die Entertaste. Bamm.

Und ein weiterer Satz ergoss sich in steriler Perfektion auf den Bildschirm.

TakTakTakTakraratatatatatatat. Das würde mein nächster Bestseller werden.

Taktakatak. Ich konnte es in den Hoden spüren. Mein Gesicht verzerrte sich zu einer einzigen grinsenden Fratze.

Ratatatatatatatatat, als wäre ich Rambo, und die Tastatur der Abzug, mit dem ich den Vietcong auslöschte. *Ratartararartatrar …*

»Ja!« Ich tippte wie besessen auf die Tasten ein.

Ein Klopfen riss mich aus dem Größenwahn. Die Tür schwang hinter mir auf.

Rakta tak tak … tak … tak tak.

Tak ta …

Außenweltlicht erhellte die Manuskriptfetzen an den Wänden. Ich biss mir auf die Zunge. Die Legosteine fielen auseinander, das Monument verblasste. Meine Finger verkrampften. Danny, wie immer mit seinem pinken Jumpsuit gekleidet, trat an mich heran und mit ihm rollte eine dichte Dopewolke in den Raum.

»Was?«, fragte ich, ohne den Blick zu heben und biss mir in die Faust, bis ich das Blut schmecken konnte.

Niemanden umbringen … Ruhig atmen.

»Yo, Nathan, ich brauche deinen Rat«, sagte Danny und ließ sich auf den Sitzsack neben meinem Schreibtisch fallen. Ich sah zuerst in seine blutunterlaufenen Augen, von denen eins geistlos durch den Raum wanderte und das andere in entgegengesetzter Richtung Dannys Hand dabei verfolgte, wie sie das Tischbein streichelte; dann auf mein Manuskript. Mit einem Seufzer klappte ich meinen Laptop zu und griff nach einer der unzähligen Tassen, die sich um mich herum stapelten. Es war noch etwas kalter Kaffee drin.

»Hör auf, meinen Tisch zu belästigen. Erzähl. Was ist los«, sagte ich und nahm einen Schluck. Mein Zentralnervensystem zuckte unter einem spontanen, ekelinduzierten Krampfanfall. Meine Zunge rollte sich auf. Okay, der Kaffee war etwas älter; wenn es überhaupt Kaffee gewesen war.

Ich biss die Zähne zusammen und versuchte, so zu wirken, als würde ich aufmerksam den Problemen meines Mitbewohners lauschen, der von der ganzen Sache eh nichts mitbekommen hatte, weil er nun damit beschäftigt war, in der Nase nach den Überresten seines Gehirns zu bohren.

»Hey«, ich schnippte. »Wenn du mir schon mein Leben versaust, dann sag mir wenigstens warum.«

Danny sah mich an, blinzelte und zog den Finger wieder aus der Nase. »Ah, ja. Stimmt. Verzeihung. Also«, Danny leckte sich über die Lippen und faltete die Hände zusammen wie ein Politiker, der sich auf eine neutrale, nichtsagende und einschläfernde Rede vorbereitete. »Du bist ja Schriftsteller. Du weißt Sachen und so.« Sein Blick schweifte wieder zu meinem Schreibtisch. Er runzelte die Stirn, als würde er an den Tischbeinen etwas sehen, was außer ihm niemand im Stande war zu erkennen.

»Ja«, sagte ich laut, während ich gegen die Versuchung ankämpfte, die Kaffeetasse in meiner Hand als Wurfgeschoss zu verwenden. Mein Herz raste vor Wut – und das lag nicht nur am überdosierten Frühstücksamphetamin.

Das Porzellan knackte.

Danny sah mich wieder an. »Also, Alex und ich waren auf Wikipedia. Und, du kennst doch Strahlenkrankheiten, oder? Die man so von Strahlung bekommt.«

»Ja.« Ich nickte und winkte mit der Tasse. »Red schneller.«

»Also, ja, da stand unter den neurologischen Symptomen. Also bei den Symptomen, die nur das Gehirn betreffen.«

»Das gesamte Nervensystem. Das Gehirn ist nur ein Teil davon.«

»Oder das halt. Also da stand: Schwindel, Benommenheit, Störung des ZNS und so weiter. Ja und. Das ist ja so ähnlich wie ein Benzo oder Saufen. Oder?«

»Oh, nein.« Die Tasse zerbröselte zwischen meinen Fingern und fiel in blutigen Bruchstücken zu Boden. »Du willst mir jetzt nicht ernsthaft erzählen, dass ihr darüber nachgedacht habt, durch Strahlung high zu werden? Nicht, dass ... Selbst wenn. Da treten viel mehr Sachen auf, wie Erbrechen, Nekrosen, Geschwüre, Haarausfall. Das ist so bescheuert.«

»Aber wenn man nur auf dem Gehirn, also wenn man nur das Gehirn bestrahlt, dann hat man doch nur die neurologischen Symptome, dann ist man dauerbreit. High fürs Leben und dann spart man sich die ganze Chemie.«

»Wie kommt ihr überhaupt auf solche kranken Ideen? Und wie soll man überhaupt nur Strahlung auf dem Kopf anwenden. Woher wollt ihr die nehmen?«

»Na mit der Mikrowelle«, sagte Danny und sah mich an, als wäre ich hier der Idiot. Ich schlug verzweifelt die Hände vor dem Gesicht zusammen und zog sie mir über die Wange, bis mir die Augen fast herausploppten. Wie viel Dummheit ... dunkler Herr in der Lektoratshölle, wirf Hirn hoch.

»Das ist eine ganz andere Art von Strahlung. Hast du nicht die Internetvideos von Leuten gesehen, die ihre Hamster in Mikrowellen gesteckt haben? Davon wird man nicht high, davon explodiert dir höchstens der Kopf.«

»Oooh.«

Es gab einen lauten Knall in der Küche, gefolgt von dem panischen Piepen der Mikrowelle. Das Blut schoss mir wie ein tiefgekühlter Slush durch die Adern.

»Was ...? Nein, oder?«

»Also, dass ... Alex wollte es ausprobieren. Ich war mir nicht so sicher, deswegen wollte ich dich um ...«

Ich sprang auf und rannte in die Küche, über vollgejunkte Matratzen, einen Hamsterkäfig, Bücherpyramiden und dreckiges Geschirr springend, aber es war zu spät.

Danny torkelte hinter mir in den Raum.

»Also, die Mikrowelle ist wohl kaputt, würde ich sagen«, stellte Danny fest. »Der hat ja ein fettes Loch in die Tür geschlagen, um seinen Kopf da durchzubekommen. Von einem Design-Studenten hätte ich mir eigentlich eine elegantere Lösung erwartet.«

»Wir haben eine gottverdammte Leiche in der Wohnung. Das ist ein größeres Problem als die verfluchte Mikrowelle oder irgendein Design«, schrie ich und deutete auf den kopflosen Körper, der in der Mitte der Küche lag, von deren blutgetränkten Wänden Alex' von DXM zerfressenes Gehirn tropfte.

»Also, was soll ich dazu sagen. Es ist schon traurig, aber, also, er war ein scheiß Drogensüchtiger, die sterben immer jung, da kann man wohl nichts machen«, sagte Danny, zuckte mit den Schultern und zupfte Dreck aus seinem pinken Jumpsuit.

»Halt doch einfach mal deine verdammte Klappe«, schrie ich und kratzte mir über den Kopf, während ich hin und her hüpfte und die blutigen Schubladen und Schränke nacheinander aufriss und wieder zuwarf. Verdammtes Amphetamin. Verdammtes Adrenalin. Verdammte scheiß Junkies. »Okay, ruhig bleiben. Ruhig bleiben. Wir finden eine Lösung«, schrie ich vor mich hin, rastlos auf der Suche nach etwas, woran ich meine weitere Handlung orientieren konnte. Danny stand weiter debil im Türrahmen und bohrte in der Nase. Entweder hatte er den Ernst der Lage noch immer nicht begriffen; oder er war zu zugedopt, um sich aufzuregen.

Er sah mich an und zog den Finger aus der Nase.

»Meinst du. Also. Sollten wir nicht vielleicht die Polizei oder den Bestattungsdienst oder so rufen?«

Ich starrte ihn an. »Bist du total irre? Wie zur Hölle sollen wir das hier erklären? Niemand, wirklich niemand, wird uns glauben, dass er wirklich so bescheuert war, seinen Kopf da reinzustecken. Na ja, vielleicht seine Eltern, aber sicher nicht die Behörden. Und wenn sie hier erst 'ne Durchsuchung machen und die ganzen Drogen finden, dann sind wir geliefert.« Ich knurrte und ließ meinen Unterkiefer hin und her kreiseln, um die Kiefersperre loszuwerden, und lief aufgedreht im Kreis, während meine aufgeputschten Synapsen die Lage erfassten. »Wir müssen diese Leiche loswerden. Mit etwas Glück können wir dann auch noch sein BAföG und das Geld, das seine Eltern ihm immer schicken, einstreichen, bevor jemand bemerkt, dass er weg ist. Wir müssen nur einen Weg finden, ihn loszuwerden, nur wie?«

»Du bist doch Schriftsteller, dachte ich, die kennen sich doch mit so etwas aus.«

»Aber ich schreib doch keine Krimis, was bin ich, ein lahmer Mainstreamer? Und nur weil ich Bücher schreib ... ich bin noch lange nicht irgendwie ... Ah, vergiss es. Nein, nein, nein ... Vielleicht sollten wir ihn vergraben? Oder Jonathan anrufen, der kann Säure besorgen ... oder ...«

Doppeltes Piepen.

Ich erstarrte. Danny sprach in sein Smartphone: »Siry. Wie wird man eine Leiche los? Also so einen toten Körper, Biomüll praktisch, oder so.«

»Piep. Lass mich suchen. Einen Moment.«

»Dein fucking ernst«, schrie ich.

Danny hob die Hand. »Sch. Sie hat mir bisher immer geholfen. Ihr Tweaker seid immer viel zu, also, aufgedreht, um die einfachsten Lösungen zu erkennen.«

Siry antwortete: »Ich habe verschiedene Optionen gefunden, wo man eine Leiche entsorgen könnte. Es gibt einen Friedhof, ein Krematorium, drei Wälder und einen Sumpf in deiner Nähe.«

Danny sah mich an. Ich seufzte. »Sumpf klingt gut. Wir sind so am Arsch.«

»Siry, markiere den Sumpf bei Woogle Maps.«

»Erledigt. Kann ich sonst noch etwas für dich tun?«

»Ja, also, wie bekommt man Blut von Wänden und so ab?«

»Ich empfehle das Dubaplex Bleichmittel von Sandoy.«

»Bestell mir bitte eine Flasche Bleichmittel, also von diesem Sandoy, einen Klappspaten und die großen Mülltüten via Trime Now. Und ah, also, da bräuchte ich noch eine neue Mikrowelle, am besten dieselbe wie letztes Mal.«

»Erledigt. Die Bestellung wird innerhalb der nächsten zwei Stunden eintreffen. Kann ich sonst noch etwas tun?«

»Ähm, also, das Gleiche wie immer.«

»Zwei Pizza Hawaii XXL wurden bei Giovanni bestellt.«

»Oder warte. Also. Nathan«, Danny sah zu mir auf, »du magst schon Pizza Hawaii, oder?«

»Ja, ja, passt schon«, sagte ich, bevor ich den Raum verließ, um mich wieder in meinem Zimmer einzusperren und Jonathan anzurufen, damit er Danny half, die Leiche zu entsorgen. Für mich war das alles viel zu viel. Da widmete ich mich doch lieber meinen Texten, die besaßen im Gegensatz zur Realität zumindest so etwas wie eine innere Logik und einen Sinn. Die Charaktere waren auch realistischer, wenn ich so darüber nachdachte. Ah, da kam mir auch gleich wieder die Idee für eine neue Kurzgeschichte ... Vielleicht war der Flow noch zu retten.

Jenseits des Lichts

Leveret Pale

Die ganze Stadt war dem Ruf der Hohepriester gefolgt und hatte sich in der Heiligen Halle des Lichts versammelt. Die zweitausend Männer, Frauen und Kinder, die auf den Rängen saßen, waren kahlgeschoren, nackt und papierblass, sodass sie fast mit den weißen, leuchtenden Böden und Wänden verschmolzen.

Nur die drei Hohepriester, die auf einem Podest in der Mitte der komplett durchleuchteten Halle standen, trugen dünne, fast durchsichtige, Seidengewänder über ihren von ausgiebigen Meditationssitzungen in Solarbänken braun gerösteten Körpern. Obwohl eine Krise herrschte, war es totenstill in der Halle und die Stadtbewohner sahen aufmerksam zu den Priestern auf, von denen einer nun die Hände hob und das Wort ergriff: »Liebe Brüder und Schwestern, wie ihr sicherlich bereits wisst, sind wir heute nicht vollzählig.« Er deutete auf eine leere Reihe vor ihm. Die Versammelten nickten synchron. »Im gesamten Sektor sieben unserer liebevollen Gemeinschaft ist vor wenigen Stunden der Strom ausgefallen. Wir vermuten, dass jemand den Reaktor sabotiert hat.« Ein entrüstetes Japsen ging durch die Versammelten, doch es legte sich wie das Heulen einer vorbeiziehenden Windböe und es war wieder still. Der Priester fuhr fort: »Wir haben den Sektor abgeriegelt zur Sicherheit aller und vor allem jener, die nun dort mit ihren Schatten ringen. Doch wir können unsere Brüder und Schwestern nicht im Stich lassen. Einer oder eine muss durch die Finsternis gehen und den Reaktor reparieren und wieder hochfahren, sodass erneut in allen sieben Sektoren Licht, Einigkeit und Frieden herrschen können.« Ein zustimmendes Nicken ging durch alle Versammelten. »Wer meldet sich freiwillig für diese gefährliche Mission? Eine Mission, die die höchste Probe der Reinheit darstellt. Eine Mission, nach der man möglicherweise so geschädigt sein wird, dass man zum eigenen Schutz euthanasiert werden wird? Wer von euch ist solch starken Herzens, dass er den Schatten trotzen und seinen Weg bis zum Reaktor durchkämpfen will, obwohl es wahrscheinlich das eigene Leben kosten wird?«

Als hätten sie es einstudiert, standen alle anwesenden Bürgerinnen und Bürger gleichzeitig auf und hoben still die blassen Hände in die Höhe, um sich freiwillig zu melden. Selbst die kleinsten Kinder und Säuglinge reckten ihre Köpfe.

Ein sardonisches Lächeln zuckte über die Lippen des Priesters und er murmelte nur für seine beiden Kollegen hörbar: »Wie gewohnt.« Und ließ seinen Blick durch die Menge schweifen. Er blieb an einem jungen, muskulösen Mann hängen. Carl Adler war sein Name. Wie der Hohepriester, der alle seine Schäfchen genau kannte, wusste, war Carl ein besonders eifriger Student der heiligen Schriften und etwas intelligenter als der durchschnittliche Bewohner der unterirdischen Stadt. Aber vor allem wahrscheinlich nicht zu intelligent, um die Dinge zu hinterfragen, was ihn perfekt für diese Aufgabe machte. Der Hohepriester senkte theatralisch die Hände und deutete auf seinen Auserwählten.

»Carl Adler aus Sektor 3, trete vor, denn wir erwählen dich für diese heilige Mission.« Die Menschenmenge klatschte und machte den Weg frei für den jungen Mann, der sich seinen Weg in die Mitte der Halle bahnte und zu den Füßen des Podests niederkniete.

»Im Namen des Lichts segnen wir dich als Helden«, rief der Hohepriester aus. Für einen Augenblick leuchteten die Decke, der Boden und die Wände der Halle so gleißend hell, dass alles in blendendem Weiß verschwand.

Als die Lichtstärke wieder zur Normalität zurückkehrte, tanzten dunkle Flecken vor Carls Augen, aber er zwang sie, offen zu bleiben und sah entschlossen zu den Hohepriestern auf, deren Podest surrend nach unten fuhr und im Boden verschwand. Die drei Hohepriester traten vor ihn und sprachen einstimmig: »Erhebe dich.« Und er gehorchte. »Folge mir«, sagte ihr Anführer und Carl verließ mit ihm die Halle. Hinter ihnen lösten die beiden anderen Hohepriester die Versammlung auf und wiesen die Menschen an, wieder an ihre Arbeit zu gehen – und sie gehorchten.

Carl und der Hohepriester durchschritten gemeinsam die komplett ausgeleuchteten Tunnel der Stadt. »Du hast die Dunkelheit noch nicht gesehen, mein Sohn, nicht wahr?«

»Nein, eure Heiligkeit, allerdings habe ich viel von ihr gelesen in den heiligen Schriften. Ich bin bereit, ihr entgegenzutreten.«

»Daran habe ich keine Zweifel, doch die Dunkelheit vermag selbst die stärksten von uns einzuschüchtern«, sagte der Hohepriester und legte seine Hand auf eine Schalttafel neben einer Tür, vor der sie stehen geblieben waren. Die Fingerabdruckscanner piepten bestätigend, die Tür glitt auf und offenbarte eine Kammer voller Waffen und großer Schutzanzüge. Carl runzelte verwundert die Stirn, als er die Sturmgewehre erkannte, die er zuvor nur auf den Bildern in alten Büchern gesehen hatte.

Der Hohepriester betrat die Kammer und deutete auf einen der Schutzanzüge, die ihn selbst immer an die Raumanzüge der Astronauten einer längst vergangenen Ära erinnerten. Dieser war aus silbern glänzendem Metall gefertigt und besaß einen großen runden Helm mit einer Luke aus Glas. Eine große Lampe war über der Stirn montiert.

»Dieser Anzug wird dich in Licht hüllen und von deinem Schatten fernhalten, solange seine Batterie hält«, erklärte er. »Doch bevor wir dich damit ausrüsten, musst du noch lernen, mit den Waffen umzugehen.« Der Hohepriester nahm ein Sturmgewehr aus seiner Halterung an der Wand und reichte es Carl.

Dieser umfasste die Waffe vorsichtig und in Ehrfurcht. Das kalte Metall wog schwer in seinen blassen Händen. »Aber warum, eure Heiligkeit? Die Schatten sind doch unverwundbar.«

»Ja«, sagte der Hohepriester. »Aber die von den Schatten besessenen Menschen sind es nicht und sie könnten dir gefährlich werden.«

Die nächsten zwei Tage verbrachte Carl damit, die Reparaturanweisungen für den Reaktor auswendig zu lernen, mit seiner Ausrüstung vertraut zu werden und unter den wachsamen Augen der Priester mit dem Sturmgewehr in einem leeren Stollen zu trainieren. Das Schießen fiel ihm vergleichsweise leicht. Er lernte sehr schnell zu zielen, den Finger langsam auf den Abzug zu drücken und seine Atmung zu kontrollieren, während die Schüsse und der Rückstoß durch seine Ohren und Arme donnerte. Bereits am Vormittag des zweiten Tages traf er zumindest eine menschengroße Schablone aus dreißig Meter Entfernung jedes Mal, zwar nicht immer in der Mitte, aber er traf, und das genügte laut den Priestern. Viel mehr Verwirrung und Schwierigkeiten bereitete ihm der Schutzanzug.

Er hatte noch nie zuvor Kleidung getragen und es fühlte sich sonderbar an, von der Außenwelt so abgeschirmt zu sein, sich quasi vor der Welt zu verstecken, auch wenn jeder Zentimeter des Anzuginneren mit LED-Lampen tapeziert war, sodass kein Fleckchen seiner Haut unbeleuchtet blieb. Der Anzug war schwer, vor allem die Batterie auf seinem Rücken zog ihn zum Boden hinab und verlangsamte seine Bewegungen. Er konnte darin nicht laufen, nur langsam vorwärtsschreiten, und mit den dicken Handschuhen wurde das Bedienen der Waffe noch schwieriger. Die Zeit eilte jedoch und die Priester waren zufrieden mit seinem Fortschritt, sodass sie beschlossen, ihn am dritten Tag loszuschicken.

Als er am Abend in seiner Wohngemeinschaft mit seinen Eltern, Freunden und Geschwistern am Tisch saß und ihnen davon erzählte, dass es so weit war, lächelten alle und gratulierten ihm. »Wir sind stolz auf dich«, sagte sein Vater. »Seit Jahrhunderten hat kein Mensch mehr gegen die Dunkelheit gekämpft und nun ist unser Sohn dafür auserwählt worden.«

»Wenn du es überlebst, wirst du ein großer Held sein, der die Geschichtsbücher der Zivilisation bereichert. Vielleicht wirst du sogar noch eines Tages selbst ein Priester«, fügte seine Mutter strahlend hinzu. »Und wenn du stirbst, wird es ein fantastisches Begräbnis geben, bei dem die ganze Stadt kommen wird. Ich freue mich so sehr für dich und uns alle!«

»Ja, das wird großartig«, sagte Carl und grinste, aber in seinem Inneren spürte er ein sonderbares Gefühl aufkeimen. Hätte er die Worte dafür gehabt, hätte er erkannt, dass ihm mulmig zumute war. Aber so ignorierte er das Gefühl und schaufelte weiter mit sich zufrieden den grauen Nährschleim in sich, welcher das einzige Nahrungsmittel war, das die Stadtbewohner zu sich nahmen.

Als er dann nach dem Essen auf seinem Bett lag, erlebte er auch noch etwas, was sonst nur Säuglingen passierte, die noch nicht die Reinigung der Lichttaufe hinter sich hatten. Er konnte nicht einschlafen und irgendwie kam in ihm der Gedanke auf, dass das gleißend helle Licht in dem Schlafzimmer irgendetwas damit zu tun hatte. Aber das kann nicht sein, das Licht ist schließlich da, um ihn zu beschützen, dachte er. Also wälzte er sich hin und her und schlief dann endlich doch ein.

Am nächsten Morgen traf er sich wieder mit dem Hohepriester, zog den Schutzanzug an, schulterte die Waffe und schnallte den Gürtel mit den Ersatzmagazinen und Reparaturwerkzeugen um.

Der Hohepriester führte ihn zu der Schleuse, die Sektor 7 von der restlichen Stadt trennte. Wieder benutzte der Hohepriester eine Schalttafel und die große, massive Tür aus weiß leuchtendem Metall glitt auf. Wie hypnotisiert starrte Carl in die Dunkelheit, durch die der Scheinwerfer über seiner Stirn schnitt. Er hatte noch nie Dunkelheit gesehen während seines Lebens im totalen Licht. Selbst wenn er zum Schlafen die Augen geschlossen hatte, glühte es in warmem Orange durch die Lider hindurch. Die Dunkelheit erschien ihm fast wie ein bedrohliches Raubtier, sie schlängelte und pulsierte um den Lichtkegel herum, verschmutzte die einst weißen Wände mit ihrem Grau und Schwarz.

»Los, es ist an der Zeit«, sagte der Hohepriester und gab ihm einen kleinen Klaps auf die Schulter.

Carl nickte und schritt auf den dunklen Tunnel zu, Schritt für Schritt, bis er die Schwelle überquert hatte.

Kaum, dass sich die Tür hinter ihm schloss und die hermetischen Riegel sie zischend versiegelten, spürte Carl ein fremdes Gefühl in seinem Inneren aufsteigen. Sein Herz pochte laut in der Brust, Schweiß sammelte sich in seinen Handflächen und er hatte den fast überwältigenden Drang umzudrehen, an die Tür zu hämmern und wieder in das Licht zu fliehen. Das muss also Angst sein, dachte er, der dieses Gefühl nur aus den Büchern kannte. Diese Angst wuchs, als dann die Finsternis vor ihm und hinter ihm zu wispern begann. Wie Tausende durcheinander flüsternde Stimmen drang sie auf ihn ein und in der Ferne hörte er hohe, unmenschliche Geräusche durch die Gänge hallen. Sein Atem beschleunigte sich, sein Hals schnürte sich zu und für einen Augenblick brach er in Panik aus, weil er glaubte, dass die Dunkelheit ihn würgte. Aber er zwang sich weiterzugehen, langsam mit dem Gewehr im Anschlag durch den eckigen Tunnel zu marschieren. Bald realisierte er, dass er noch immer atmen konnte, trotz des Gefühls, keine Luft zu kriegen. Das muss auch die Angst sein, dachte er. Steht nicht in den Büchern, dass sie auch zu psychosomatischen Halluzinationen führen kann? Ja, Atemnot, Schweißausbrüche, Zittern. Das alles steht darin. *Warum bin ich so dumm gewesen, mich freiwillig für diese Tortur zu melden? Ich werde hierbei mit Sicherheit sterben. Ich werde vielleicht nie wieder meine Eltern sehen und …* Er hielt inne. Wie komme ich dazu, solche blasphemischen und egoistischen Gedanken zu haben? Das muss die Dunkelheit sein. Sie versucht mich zu korrumpieren.

»Nein, Carl«, wisperte eine Stimme und er zuckte erschrocken zusammen. »Das ist dein Verstand, der nun langsam erwacht und die richtigen Schlüsse zieht.«

Carl wirbelte herum, doch hinter ihm gähnte nur die Dunkelheit. Nicht einmal mehr die Schleuse konnte er erkennen, so weit war er bereits in den Tunnel vorgerückt. »Wer bist du? Lass mich in Ruhe.«

»Ich bin dein Schatten, Caaarrrl«, wisperte die Stimme. »Der Anzug ist sehr, sehr alt und was soll ich sagen, einige der Lämpchen an deiner rechten Ferse sind bereits erloschen. Ich habe mich sozusagen an deine Ferse geheftet. Verstehst du? An deine Ferse ... geheftet!« Ein hoher, unmenschlicher Laut ertönte, ein ähnlicher, den Carl zuvor aus der Ferne gehört hatte. Nun realisierte er, dass es wohl Lachen war. Er hatte noch nie jemanden so hemmungslos lachen gehört und es machte ihm noch mehr Angst, aber entschlossen drehte er sich um und marschierte weiter. »Verschwinde, Schatten. Du hast keine Macht über mich.«

»Aber Carl«, wisperte die Stimme. »Ich bin ein Teil von dir, egal wie sehr du es leugnest, es ausblendest und zu unterdrücken versuchst. Ich werde immer da sein, und ich bin kein Feind, ich bin du, ein Teil von dir, genauso wie das Licht es ist. Nein, sogar noch viel mehr als das Licht. Ich war schon da, als du noch in deiner Mutter als kleine Zelle fröhlich in ihrem Saft schwammst und kein Licht weit und breit war. Verdammt, ich war sogar schon an deiner Seite, als du noch eine quasi halbe Zelle im Sack deines Vaters warst. Und auch da drin gab es kein Licht, glaub mir, unter der Oberfläche ist es immer dunkel. Und dann hast du mich verstoßen. Für das Licht, das dir jedes Jahr ein bisschen mehr deiner übermüdeten Hirnmasse zerstört, was du nicht einmal mitbekommen willst. Wer ist nun der Böse?«

»Halt einfach dein verlogenes Maul!«, schrie Carl plötzlich, überrascht von sich selbst. Ihm war heiß und er hatte das Verlangen, etwas zu zerstören, seinen Schatten zu packen und zu vernichten. Das muss also das sein, was die Bücher Wut nennen, realisierte er und ihm gefiel Wut irgendwie, auch wenn es laut den Priestern ein sündiges Gefühl war. Also schrie er noch einmal: »Verschwinde endlich!« Als Antwort bekam er wieder nur ein Lachen, doch der Schatten verstummte danach. Dafür aber verstärkte sich das ferne Lachen und Schreien, je weiter er durch den Tunnel schritt.

Tausende von verwirrenden und widersprüchlichen Gedanken kämpften in Carls Kopf gegeneinander, versuchten zu verstehen, was der Schatten erzählt hatte, versuchten ihn gleichzeitig davon abzuhalten, darüber nachzudenken und ließen ihn komplett verwirrt zurück, bis er sich dazu zwang, einfach nur geradeaus zu starren, sich auf seine Schritte zu konzentrieren und nicht auf die Gedanken zu hören.

Er kam an mehreren Wohnquartieren vorbei, deren Türen offen standen und im Vorbeigehen sah er in sie hinein. Sie waren leer, in manchen waren die Möbel zertrümmert, in manchen war Nährschleim über den ganzen Boden verteilt. Der Anblick irritierte ihn, denn er hatte noch nie solch ein Chaos gesehen.

Aus einem der Quartiere kam ein ununterbrochenes, hohes Lachen und je näher er ihm kam, desto größer stieg die Angst in Carl, die sich nur etwas legte, als er entdeckte, dass Licht aus der Bleibe herausflackerte. Es war ein merkwürdiges, oranges Licht, das zu tanzen schien, aber es war Licht, und es beruhigte ihn. Vorsichtig und mit dem Gewehr im Anschlag näherte er sich der Tür. Als er jedoch hineinspähte, erschrak er und hätte fast schon geschossen. In der Mitte des Raumes loderte ein Feuer aus einem Stapel zertrümmerter Holzstühle, der Rauch zog in geraden

Linien in die Lüftungsschlitze darüber, und davor saß ein Mann. Seine Wangen und sein Schädel waren mit dunklen Haarstoppeln überzogen und er war in Stofffetzen gewickelt, die seine Scham bedeckten. Seine Augen glänzten fröhlich und sein Gesicht war mit einem breiten Grinsen überzogen, das im Flackern der Flammen etwas Teuflisches an sich hatte. Er lachte laut und wippte auf der Stelle hin und her.

Als der Lichtkegel von Carls Helm ihn traf, erstarrte er schlagartig und wand sich kreischend ab. »Hey. Was soll das?«, krächzte der Mann, seinen Kopf mit den Händen bedeckend, sodass sein Gesicht im Schatten der Finger verschwand.

»Onkel Travor? Bist du das?«, fragte Carl irritiert, als er den Mann erkannte. »Was machst du da?«

»Carl? Carl Adler? Haben dich diese verlogenen Hohepriester geschickt? Nimm dieses verdammte Licht aus meinem Gesicht, das tut in den Augen weh, verdammt nochmal.«

Carl hielt den Lichtstrahl auf seinen Onkel gerichtet und wiederholte: »Was machst du da?«

»Verdammter Bastard, ich lebe mein Leben und genieße die Wärme des Feuers!«, schrie sein Onkel.

Carl schluckte und seine Hände begannen unkontrolliert zu zittern. »Ich habe dich ... Nein, ich habe noch nie jemanden in so einem Zustand gesehen. Beim Licht, du bist komplett wahnsinnig geworden.«

»Nein, nein. Wir sind nicht wahnsinnig, wir sind in der Einheit ausgeglichen«, zischte eine fremde Stimme. Sie kam von dem tanzenden Schatten, den sein Onkel an die Wand warf. »Du hast es gehört, Carl«, schnaubte sein Onkel. »Lass mich einfach in Ruhe.«

»Aber Travor, dein Neffe ist auf dem Weg, das Licht wieder anzumachen. Wenn er das tut, werden wir wieder getrennt«, zischte der Schatten.

»Nein, das wird er nicht tun. Oder mein Neffe, das wirst du nicht tun?«, wimmerte sein Onkel und senkte die Hände vom Gesicht. Es war tränenüberströmt. »Bitte tu es nicht. Ich will nicht wieder in diesen Terror des Lichts, in diese Existenz ohne Gefühle, ohne freie Gedanken, ohne Leben. Lieber sterbe ich hier.«

»Es tut mir leid. Ich werde das Licht wieder anmachen und die Ordnung wiederherstellen«, sagte Carl bestimmt und wollte sich zum Gehen abwenden, aber das Gesicht seines Onkels verzerrte sich zu einer dunkelroten Fratze der Wut. Brüllend packte er eins der brennenden Stuhlbeine und schwang es nach Carl. Das Glas des Helms zersplitterte in einer Wolke aus umherspritzenden Flammen, die in sein Gesicht bissen. Panisch stolperte Carl rückwärts und drückte den Abzug des Sturmgewehrs. Ohrenbetäubend ratterten die Schüsse, in denen die Schreie des Onkels untergingen.

Der Schleier der Flammen löste sich mit dem Holzscheit aus Carls Sichtfeld. Die Glassplitter rieselten klirrend seinen Anzug hinab und schlitzten seine Wangen und das Kinn. Entsetzt stand er in der Tür des Quartiers, das Gewehr fiel ihm klappernd aus den bebenden Händen. Wie Vulkankrater ragten die Einschusswunden über dem Oberkörper seines Onkels, aus dem sich Blut ergoss. Der Kopf war in zwei Teile gerissen und die Augen quollen aus ihren blutenden Höhlen. »Beim Licht, was habe ich getan ...«, stammelte Carl und zum ersten Mal in seinem Leben rannen heiße Tränen aus seinen Augen und seine ganze Sicht verschwamm. Er heulte. »Es tut mir leid, es tut mir leid … Beim Licht …« Zum ersten Mal in seinem Leben spürte er nun auch einen Schmerz, der nicht nur seinen Körper verletzte, sondern tiefer ging und durch seine Seele und den Verstand schnitt. Schmerzen, die durch den Geist gehen, dachte er, das muss also Trauer sein.

»Wenn du ihn einfach in Ruhe gelassen hättest, wäre das nicht passiert«, säuselte sein Schatten.

»Halt dein verdammtes Maul! Ich werde euch alle mit dem Licht verbannen!«, schrie Carl. Seine Gefühle schlugen schlagartig wieder in Wut um und er griff mit den Schutzhandschuhen nach dem brennenden Holz. Er schleuderte es in alle Richtungen, schnaufend, brüllend. Er setzte die Betten und die Schränke in Brand und warf brennende Laken in alle Ecken des Raumes.

Keuchend und schweißüberströmt blieb er in diesem Inferno stehen, das so gleißend hell war, dass sich keine Schatten mehr in der Mitte des Raumes befanden.

Carl sah sich um. Alles brannte. Alles war Licht. Und seine Gefühle, der Schmerz, die Wut, die Trauer – sie waren weg. Er sah seinen toten Onkel an und er konnte kaum noch verstehen, warum er ihn getötet und so sehr auf diesen Tod reagiert hatte. Schließlich starben dauernd Menschen und dieser Mann war von seinem Schatten besessen. Es war nur richtig und gut gewesen, ihn zu erlösen. Nun war es an der Zeit, dass Carl seiner Pflicht nachging und auch den restlichen Sektor sieben erlöste.

Trotz der Hitze und des Rauches, der wie eine Wolke aus Stacheldraht durch seinen Rachen und seine Lunge kratzte, zog Carl seelenruhig seinen Schutzanzug aus und inspizierte die Schäden. Auf seinem ganzen Körper zeigten sich rote, blutende Linien und Punkte und seine Füße schwammen in Blut. Vor Schmerz japsend hüpfte er aus den Stiefeln und leerte die Glassplitter. Nachdem er auch den letzten aus seinen vom Schweiß ausgespülten Wunden herausgepuhlt hatte, inspizierte er das Innenfutter des Schutzanzugs. Auf jedem Zentimeter befand sich eine kleine Lampe, doch mittlerweile war mehr als die Hälfte erloschen, vom Blut verklebt oder zerbrochen. Er schnaubte und nahm sich den Helm vor. Er schraubte die daran befestigte Lampe ab. Sie hatte einen eigenen Akku und funktionierte auch ohne den Anzug. Er nahm sie in die linke Hand, schnallte sich den Gürtel mit den Reparaturwerkzeugen und Ersatzmagazinen um die Schulter und hob das Sturmgewehr in seiner Rechten auf. Ohne den schweren Anzug würde er viel schneller vorankommen und damit vielleicht lang genug überleben, bevor die Wunden sich entzündeten oder die Finsternis ihn in den Wahnsinn trieb.

So dachte er und entschlossen trat er aus dem mittlerweile mit dichtem Rauch gefüllten Raum hinaus in den dunklen Gang. Kaum, dass er wieder in der Dunkelheit stand, nahm er auch den Schmerz in seinen Lungen und auf seiner Haut bewusst wahr und die Trauer stach wie ein Dolch in sein Herz. Er hustete, schnappte nach Luft und Tränen stiegen in seinen Augen auf.

Verdammt, was tue ich? Ich muss wahnsinnig sein.

Er drehte sich um, wollte zurück ins Licht des Feuers fliehen, aber als er das orange Inferno sah, das aus der Tür züngelte, realisierte er, dass es allein ein Wunder war, dass er da lebend herausgekommen und nicht wegen Hitzschlag oder Sauerstoffmangel zusammengebrochen war. Wie hatte er das nicht realisieren können?

»Nun, das Licht blendet halt. Nicht nur die Augen, sondern alle Sinne und auch den Verstand und verschleiert so die tödliche Gefahr, die manchmal von ihm ausgeht«, sagte sein Schatten, diesmal laut und klar, und Carl konnte spüren, wie dieser dunkle Begleiter sich an seine Rückseite schmiegte und im Flackern des Flammenlichts tanzte. Doch statt wütend zu werden, fühlte sich Carl diesmal ratlos.

»Ich verstehe das nicht«, murmelte er. »Das Licht ist doch gut und die Schatten böse ... und doch, im Licht habe ich die Hitze des Feuers nicht als tödliche Gefahr wahrgenommen. Erst hier in der Dunkelheit kann ich klar darüber nachdenken und die Gefahr erkennen. Und im Licht der Zivilisation habe ich niemals Schuld, Wut, Angst ... oder sonst irgendetwas so intensives gefühlt.«

Sein Schatten lachte und Carl konnte aus dem Augenwinkel sehen, wie er noch wilder über die Wände tanzte.

»Du beginnst zu verstehen, sehr gut, sehr, sehr gut.«

»Oder ich beginne den Verstand an euch zu verlieren«, entgegnete Carl. »Denn dass hier was Böses los ist, steht außer Frage. Im Lichte wurde noch nie jemand ermordet, so wie ich gerade mein ... meinen Onkel erschossen habe.« Bei den letzten Worten stammelte er und schluckte hart.

»Ist dem so? Und was ist mit den Euthanasieprogrammen, die die Hohepriester betreiben, um die Schwachen und Unerwünschten aus ihrem Arbeiterheer zu entfernen? Ist das kein Mord, mein geschätzter Carl?«

»Nein«, rief Carl. »Das ist reine Vernunft. Es dient dem Wohle aller und damit ist doch jeder einverstanden. Ich würde mich auch zum Wohle der Gemeinschaft einschläfern lassen, wenn ich ...«, er hielt inne und sein Schatten lachte.

»Wenn du jetzt so ein bisschen darüber nachdenkst, dann würdest du es doch nicht tun, oder? Dein Leben ist dir plötzlich zu kostbar, nicht wahr? Kostbarer als diese fadenscheinige kollektive Vernunft, oder?«

»Nur weil ich hier bin, in der Dunkelheit, weil ihr mein Herz und meinen Verstand vergiftet mit Egoismus«, schnaubte Carl.

»Ist es wirklich ein Gift? Oder ist es der Naturzustand, dass ein jeder Mensch den Willen zum Überleben hat?«

»Vielleicht ist es beides, denn der Naturzustand ist nun mal böse, deswegen haben wir ja eine Zivilisation und das Licht, das uns von diesen animalischen Trieben und Sünden befreit. Und in die Zivilisation werde ich zurückkehren, wenn ich mit euch fertig bin. Ihr werdet mich nicht auf die dunkle Seite verführen«, sagte Carl entschlossen und marschierte weiter durch den Tunnel.

»Wir werden sehen. Oder vielmehr wirst du sehen, was jenseits des Lichts liegt.« Der Schatten lachte und Carl konnte die kalten Finger der Dunkelheit spüren, die seinen Rücken und kahlen Hinterkopf liebkosten, während er sich immer mehr den hohen Schreien und dem Gelächter näherte, die aus der Finsternis am Ende des Tunnels kamen.

Wieder strömten die widersprüchlichsten Gefühle und Gedanken durch seinen Verstand, aber er schob sie beiseite, zwang sich an die Halle des Lichts zu denken, an die Ruhe und den Frieden der Gemeinschaft und sich auf seine immer schneller werdenden Schritte zu konzentrieren.

Er rannte mittlerweile, sah nicht einmal mehr durch die Türen der Quartiere, sondern lief immer schneller, von Angst und Entschlossenheit getrieben, zu seinem Ziel, dem Reaktor, damit wieder Licht herrschen konnte und dieser Albtraum endete. Die Magazine klapperten an dem Gürtel, sein Atem rasselte und er japste immer wieder von dem brennenden Schmerz, der bei jedem Schritt in seine verwundeten Füße stach. Die Schreie und das Gelächter vor ihm drangen lauter und klarer an seine Ohren, sonderbare, rhythmische Klatschlaute gesellten sich hinzu. Kalter Schweiß floss über seine kahlen Schläfen.

Der Tunnel endete und mündete in eine hohe Halle und als der Lichtkegel diese finstere Weite erhellte, blieb ein Schrei röchelnd in Carls Kehle stecken und er vor Angst erstarrt stehen. Dutzende von nackten, stellenweise behaarten und mit Blut und Kot verschmierten Körpern schlängelten sich durch die Dunkelheit, schrien vor Lust, liebkosten sich, penetrierten einander verhakt in ein einziges Knäuel. Es herrschte eine riesige Orgie und zwischen den einzelnen im wilden, grotesken Sex versunkenen Menschen saßen andere, die an Leichen knabberten. Ein in Lumpen gewickelter Mann biss von dem Unterschenkel eines abgetrennten Menschenbeins ab. Die Fleischfasern ragten zwischen seinen Zähnen hervor, rosa Schaum aus Blut und Spucke floss sein Kinn und seine Brust hinab, während eine vor ihm kniende Frau an seinem erigierten Penis saugte, die zugleich ein anderer Mann von hinten penetrierte, der wiederum selbst von einem anderen Mann penetriert wurde und so ging es weiter durch die ganze Halle. Selbst kleine Kinder beteiligten sich daran. Säuglinge krochen durch die Lachen aus Blut, Kot und Sperma und anderen Flüssigkeiten umher, saugten Milch aus wackelnden Brüsten von Frauen, die gerade von drei, vier ekstatisch kichernden Männern gleichzeitig umringt waren. Überall wanden sich dunkle Schatten zwischen den blassen Gliedmaßen, sodass der Anblick wie aus einem Relief gehauen wirkte.

Carl beugte sich vor und erbrach sich, und überall um ihn herum schrien diabolisch die Schatten und die Menschen auf, manche lösten sich aus dem Knäuel und taumelten wütend, brüllend oder freundlich lachend mit ausgestreckten

Armen in das Licht und auf ihn zu. Die Panik schnürte Carls Hals und seinen Verstand zu. Er hob das Sturmgewehr und voller Entsetzen drückte er ab, um diesen Schrecken aus seinem Verstand und seiner Sicht zu wischen. Das Mündungsfeuer blitzte blendend in der Finsternis, das Donnern der Schüsse und die Schreie vermengten sich zu einer Symphonie des Grauens. Mehrere getroffene Männer und Frauen gingen zu Boden, krochen weiter auf ihn zu. Andere schrien, brachen in Panik aus und rannten in alle Richtungen, rutschten in den Flüssigkeiten aus und schlitterten lachend umher. Carl schoss. Das Gewehr klackte. Wie in Trance drückte er den Auswurfknopf, das Magazin fiel klappernd zu Boden und er griff nach dem nächsten.

Eine aus mehreren Wunden blutende Frau kroch zu ihm, packte ihn am Knöchel und grinste ihn mit ihren blutverschmierten Zähnen an. »Mach das Licht aus und komm zum Spielen!«, kreischte sie, die vom Lichtkegel getroffenen Augen weit aufgerissen.

Carl rammte das Magazin in das Gewehr, richtete den Lauf auf sie und drückte ab. Die Kugeln zerfetzten ihren Kopf. Gehirnmasse und Blut spritzten ihm bis ins Gesicht.

Kräftige Hände packten ihn an den Schultern, Zähne gruben sich in seine Füße und Arme, Stimmen redeten, brüllten, weinten, lachten, schrien, krächzten, verstummten. »Mach das verdammte Licht aus! Das ist mir peinlich.«, »Du blendest mich. Lass es sein!«, »Du schmeckst köstlich, mein Liebster!«, »Der hast du aber es gezeigt! Darf ich auch mal schießen? Das sieht nach Spaß aus«, »Willst du meine Vagina lecken? Sie schmeckt gut, da ist noch etwas zu knabbern dran!«

Carl schrie, schlug um sich, löste sich aus den um sich greifenden Armen, feuerte, lud nach, feuerte, zertrümmerte mit dem Kolben des Sturmgewehrs nach ihm schnappende Gesichter, lud nach, schoss wie im Rausch in die ihn verschlingende Finsternis.

Er sah nichts mehr außer Blut und offene, pulsierende, dunkle Rosenblüten in seinem Lichtfeld. Er schoss und schoss, schrie und schrie, bis der letzte Schuss verhallte und er von toter Stille und verstümmelten Leichen umringt war. Seine Hände bebten, seine Kehle brannte und überall an seinen Armen und Beinen hing die Haut in blutigen Fetzen. Sein ganzer Körper glänzte im dunklen Scharlachrot. Das Licht der Lampe wackelte unkontrolliert durch das Schlachthaus.

»Beeindruckend, beeindruckend, mein Leibesgenosse. Du hast richtig das Tier aus dir rausgelassen, nicht einmal die Kinder hast du verschont. Du hast gezeigt, wer hier das Sagen hat: der gute Kerl mit der Taschenlampe und der Feuerkraft der erleuchteten Zivilisation. Ich habe dich wirklich falsch eingeschätzt. Das hier ist noch dunkler als das Arschloch eines Hohepriesters«, spottete sein Schatten.

Carl konnte nichts erwidern. Ekel vor sich selbst, Entsetzen, Angst und Verwirrung stiegen in ihm auf. Er legte das Sturmgewehr zu Boden, zog aus dem Gürtel ein kleines Messer, seine letzte Waffe, und watete benommen durch den Sumpf aus menschlichen Flüssigkeiten und Leichen. Es schmatzte unter seinen Füßen, der zitternde Lichtkegel streifte erschossene Säuglinge und Kinder und verrenkte, noch ineinander verschlungene Erwachsene. Die Schatten umringten ihn lachend und spottend.

Ich muss zum Reaktor, dachte er, so schnell wie möglich. Das Licht wieder anmachen. Das alles beenden.

Er stolperte aus der Halle und in den Tunnel, der zum Reaktor führte, stützte sich an den Wänden ab und schleppte sich voran. Dunkle Flecken kreisten wieder in seinem Sichtfeld, der Schmerz und die Erschöpfung zogen ihn zu Boden. Wie im Traum hörte er Wimmern, Weinen und hysterisches Kreischen aus den Wohnquartieren, aber er beachtete sie nicht, hatte keine Kraft, sie zu beachten, hatte keinen Willen. Immer wieder vernahm er auch seinen Schatten, der neben ihm her ging, sein amorphes Abbild. Aber er konnte und wollte nicht einmal mehr verstehen, was dieser sagte. Sein Kopf fühlte sich aufgeschwollen an, als hätte er ihn immer wieder gegen eine Wand geknallt. Bald sah er am Ende des Tunnels ein schwaches Licht.

Das muss die Notbeleuchtung des Reaktors sein, kam der Gedanke wie Treibgut, das aus den Tiefen das Meeres ans Land gespült wurde. Stöhnend kroch er in das Licht des Reaktorraums und brach erschöpft und vor Glück weinend zusammen. Endlich, endlich bin hier, dachte er.

»Haben dich die Hohepriester geschickt?«, fragte eine weibliche Stimme. Sofort stach die Angst wieder in seine Brust und Carl hob den Kopf. Zuerst realisierte er, dass das Licht in dem Raum nur gedimmt von der Decke leuchtete. An den Wänden und unter ihm lauerten Schatten. Dann sah er die junge Frau, die auf einem Stuhl neben der Steuerkonsole des Reaktors saß. Um ihre Brüste und ihre Scham trug sie weiße, undurchsichtige Seide. Auf ihrem Schoss lag ein Buch und in ihrer Hand hielt sie eine Pistole, die sie auf ihn gerichtet hatte.

»Ich muss den Reaktor wieder hochfahren«, stammelte Carl und stützte sich auf.

»Er ist hochgefahren, siehst du das Licht nicht?«, entgegnete die Frau.

Carl stand auf, schwankte erschöpft hin und her. »Aber dann mach es überall an. Es ist zu dunkel hier. In der Halle ...

in der Halle … Die Schatten haben mich …« Er stammelte und sein Gesicht zog sich zu einer weinerlichen Grimasse zusammen.

Dann trat er auf sie zu, um die Steuerkonsole zu erreichen, aber die Frau fuhr ihn an: »Bleib stehen und lass das Messer fallen oder ich erschieße dich. Ich habe das Licht ausgemacht.«

Das kleine Messer fiel wie von selbst aus seiner Hand und schlug klirrend auf. »Warum? Warum hast du das getan?«

»Ich wollte die Schatten sehen. Ich wollte sehen, was die Menschen tun, wenn sie nicht jeden Augenblick durchleuchtet werden. Und es ist äußerst interessant. Sie werden frei und sie nutzen ihre Freiheiten sehr unterschiedlich.«

»Sie werden zu Bestien.«

»Eher zu Menschen. Aber ich gebe dir recht, zu viel Dunkelheit tut ihnen offenbar nicht gut, aber etwas davon macht sie frei in ihren Gedanken und ihren Gefühlen. Und das ist sehr faszinierend.« Sie strich sich nachdenklich mit der freien Hand über das Kinn. »Ich denke, ich werde das Licht wieder hochfahren, aber gedimmt, sodass die Schatten bleiben, aber nicht die Kontrolle übernehmen können.«

Carl schlug die zitternden Hände über dem Kopf zusammen. »Nein, nein. Die Dunkelheit muss komplett weg. Sie muss wieder für immer verschwinden. Ich habe so viel Schreckliches gesehen und getan.«

»Aber du hättest es nicht tun müssen.«

»Wie konnte ich anderes? Die Schatten hatten mich.«

»Man hat immer eine Wahl. Die Schatten zwingen einen zu nichts.«

»Und dennoch, nichts Gutes geschieht im Dunkeln. Ich flehe dich an, mach das Licht wieder ganz an«, flennte Carl.

»Nichts Gutes? So wie du aussiehst und wie du sprichst, hast du wirklich nur die schlimmen Seiten erlebt.« Sie blickte ihn mit einem mitleidigen Ausdruck an, legte das Buch weg und stand auf.

Carl wich zurück, aber hinter ihm spürte er den kalten Hauch der Dunkelheit und er blieb vor Angst wie gelähmt stehen. Die Frau trat auf ihn zu und schloss ihre Arme um ihn. Zuerst war er verwirrt, dann erwiderte er die Umarmung, schloss seine Arme um sie, seine Brust bebte und er weinte sich an ihrer Schulter aus.

Unter all den körperlichen und psychischen Schmerzen spürte er neue Gefühle in sich aufsteigen, die er zuvor noch nie gespürt hatte: Geborgenheit, Trost, Nähe, Erleichterung und das Aufkeimen von vielen anderen, neuen, angenehmen Gefühlen, von denen er irgendwie wusste, dass sie gut waren.

»Du hast es endlich verstanden, nicht wahr?«, flüsterte sein Schatten, doch diesmal kam die Stimme nicht von außen, sondern tief aus seinem Inneren, denn der Schatten und er waren nun eins, sie waren es schon immer gewesen. Und Carl nickte, seine eigenen salzigen Tränen auf den Lippen der Frau schmeckend, die die seinen sanft küssten.

Ungebrochen – Von Drachen und Menschen

Monika Loerchner

Mit einem Knarren öffnet sie die Luke. Licht fällt uns entgegen. Oben das helle Rechteck, danach nur noch ein halbes, geformt aus Lichtstrahlen, das sich an die verrußten Wände des Schachtes klammert. Das Leuchten verblasst, lange bevor es uns berühren kann.

Wir brauchen nicht viel Licht. Aber etwas anderes.

»Fütterungszeit!«

Wir haben gelernt, dass Brüllen nichts nützt. Sie haben gelernt, dass sie es gern tun. Der schmale Schacht verbirgt Eisen unter seiner schwarzen Schicht und schlägt das Wort hin und her, als wäre es das gusseiserne Pendel einer Glocke.

Der Schall schafft es weiter als das Licht und sticht in unseren Ohren.

Wir wollen keine Schwäche zeigen, doch niemand schafft es, nicht zu zucken. So ist es jedes Mal.

Der an der Luke lacht tief und gehässig. Dann schiebt er etwas mit dem Fuß an den Rand. Es ergießt sich mit einem flatschenden Geräusch in den Schacht. Wir lassen alles an uns abprallen. Es ist schleimig, fischig, nicht sehr frisch. Niemals werden wir uns vor dem an der Luke die Blöße geben, um das Essen zu kämpfen. Wir werden warten, bis er sein Starren aufgibt, gleichgültig tut und die Luke wieder schließen lässt. Dann werden wir in der Dunkelheit umhertasten, langsam nur, die schweren Ketten über den

Boden schleifen und ein kleines Licht machen, zusammensuchen, was sie uns gegeben haben. Es ist an mir, es aufzuteilen.

Wozu Kinder nähren, damit sie zu verkrüppelten Sklaven heranwachsen? Wozu Nahrung geben, damit sich ein weiterer Leib wölbt und rundet? Wozu Kraft erhalten, die unsere Gefangenschaft begründet und ewig währen lässt?

Weil wir hoffen, noch immer, und auch das ist Leben.

Ich koste den Fisch. Er ist noch nicht so alt, dass er uns Starke krank machen könnte, doch auch nicht mehr so frisch, dass ich ihn bedenkenlos jedem geben kann.

Die Augen meiner Gefährtin liegen tief in ihren Höhlen. Sie werden stumpf, als ich meine Entscheidung treffe. Kein Essen für die Schwachen, Verletzten und jene, die Leben in sich tragen. Lieber hungrig als vergiftet.

Fauchende Flamme lodert die Glut. Nur im heißesten aller Feuer kann Sternenstein geschmolzen werden. Nur ein wahrer Meister vermag es, das Metall in der blauweißen Lohe zu formen, und nur das schwärzeste Herz ersinnt hierfür Waffen, wie sie die Welt härter und schrecklicher nie gesehen hat.

Sie allein sind der Grund für die Sklaverei, die wir erdulden müssen, denn ohne uns schaffen sie es weder, der heißesten aller Flammen Herr zu werden, noch in Form zu bringen, was einst in der Erde verschlossen lag. Und so wird Sternenstein zu schwarz-silbernem Tod, gestachelt, gezackt, unheilig. Mörderisches Gewicht, das auf Feinde fällt. Widerhaken, die sich durch Fleisch, Leder und Schuppen bohren, verdrehen, zerfetzen, vergiften, töten. Kugeln, die niederreißen, was Zeiten, Fluten und Stürmen getrotzt hat. Vernichtende Konstruktionen gespeist vom Feuer, das nie vergeht, nie verglüht, sich selbst nährt und dennoch hungrig bleibt. Nichts ist in dieser Welt unentflammbar.

Regen aus flüssigem Sternenstein, der metertief in die fruchtbare Erde dringt und dort alles verdorrt und verätzt, nutzlos zurücklässt, wo einst Leben war, und das Hunderte Jahre lang.

Und Fallen. Oh ja, die Fallen!

Selbst die spitzesten, dünnsten Fallen aus Sternenstein sind härter als jene aus Eisen. Tag um Tag, Woche um Woche, Netz um Netz. Hauchfein und so gut wie unsichtbar ausgebreitet oder auf den Boden getarnter Löcher gelegt, wo man den Feind bald vermutet. Schmerzgebrüll als Bestätigung, so stelle ich es mir vor. Doch nicht um ihresgleichen zu töten, nein, sie haben es auf unser Volk abgesehen! Und so wie wir ihnen helfen, die Waffen herzustellen, so nutzen sie auch uns, um diese Waffen zu benutzen. Wir sind Teil ihrer Herrschsucht und Grausamkeit. Wir richten einander auf ihren Befehl.

»Sie oder wir, es endet, wenn eines unserer Völker stirbt.« Mein Freund spricht aus, was wir alle wissen.

»Ohne uns können sie keine Waffen aus Sternenstein mehr bauen.«

»Das stimmt. Sie werden dennoch immer weiter Krieg führen.« Die Stimme meiner Gefährtin klingt brüchig. Das Kind, dem sie Leben schenken wird, schwächt sie.

»Aber es wird schwerer für sie werden, andere Völker zu unterjochen«, erwidert er.

Ich gebe ihm im Stillen recht. Die Sternensteinwaffen sind ihr größter Vorteil.

»Sie sind auch ohne uns und die Waffen stark«, sage ich langsam. »Stärker als wir, eigentlich, doch nicht klüger. Das ist unsere Stärke.«

Schmutziges Knarren von unten her. Meine Brüder und Schwestern, die mit schleppenden Schritten aus der Schmiede zurückkehren. Die Eisentür wird geschlossen. Dumpf hallt ihre Schwere nach. Sobald die Tür zum tiefen Gang erneut geöffnet wird, werden andere gehen müssen.

Die einen legen sich schlafen, zu müde und geschunden, um an etwas anderes zu denken. Die anderen gehen los, weil sie müssen, weil sie sonst welche von uns holen kommen, und es ist ihnen egal, wer es ist.

Und so geht es weiter und weiter, bis niemand mehr von uns übriggeblieben ist, der weiß, dass es da draußen eine Welt gibt, in der wir einmal frei waren. So darf es nicht enden!

So wird es nicht enden.

»Gibt es Neuigkeiten?«

Einer hebt müde den Blick. Noch ist sein Geist nicht gebrochen.

»Es ist alles bereit«, wispert er.

»Wann?«

»In drei Wochen.«

Schnappen nach Luft. Wochen nur!

Und plötzlich zerrinnt die Unendlichkeit zu Nichts.

Durch unseren Kerker fliest ein dünner Kanal, der Trinkwasser bringt und Unrat davonträgt. Er taugt nicht, sich darin zu ertränken. Er taugt nicht, darin zu fliehen. Er taugt nicht, zu verdursten. Die Rinne trägt selbst Wasser, wenn draußen die Sommerhitze tobt; dafür sorgen sie.

Ich beuge mich vor und trinke. Das Nass lässt mich Leben fühlen. Trotz allem.

Dann drehe ich mich zu meiner Gefährtin um. Sie steht vor unserem kleinen Licht, sodass ihr Gesicht im Schatten liegt. Ich bin der Anführer, ich sollte zu allen sprechen. Doch zuerst muss ich wissen, wie sie darüber denkt.

»In drei Wochen also. Was willst du tun? Dich so lange verstecken, bis es vorbei ist?«

Die kurze Stille spricht, dass sie es erwägt. Abwiegt. Verwirft. Es ist nicht möglich, Feigheit wäre wider ihrer Natur.

»Willst du das Leben des Kindes riskieren?«

Das leise Seufzen erzählt von tiefer Trauer und bodenloser Liebe.

»Willst du kämpfen?«

»Vielleicht.«

Das Wort schwirrt zwischen uns umher. Berührt alle, die hier sind. Kämpfen.

»Wir sind stärker als sie«, flüstert meine Gefährtin. »Und es sind nicht viele hier.«

»Der an der Luke«, zählt einer auf, »einer, der die Luke öffnet und schließt. Die fünf in der Schmiede.

Der, der den Sternenstein bringt, der, der die Waffen abholt.«

»Es könnten mehr sein, die wir nur nicht gesehen haben.«

»Es gibt mit Sicherheit mehr. Aber vielleicht sind sie nicht hier.«

»Darauf willst du dich verlassen?«

»Haben wir eine Wahl?«

»Nein.« Meine Gefährtin sagt es so sanft, dass mir ein Schauer über den Rücken läuft. »Nein. Es ist an der Zeit, endlich zu handeln.« Licht flackert auf ihren gewölbten Leib und verlischt dann. »Drei Wochen.

Wenn wir es schaffen, wird unser Kind in Freiheit geboren.«

»Und wenn du stirbst?«

»Lebe ich denn jetzt?«

Ihre Frage macht die Dunkelheit noch schwärzer.

Der Aufstand ist nah. Überall im Reich werden wir uns erheben. Der Kontakt zu den anderen, die sie ebenso in Sklaverei halten, ist spärlich, unsicher, gewoben aus nichts anderem als Vertrauen, Hoffnung und Verzweiflung. Wir können nicht sicher sein, dass es viele andere gibt, die sich wie wir auflehnen werden. Dass sich auch diejenigen von uns, die sie für sich in den Krieg schicken, erheben werden, um mit Blut und Feuer für ihre Freiheit zu kämpfen.

Wir wissen nichts über ihren Mut, ihre Herzen; wissen nichts darüber, ob sie so ungebrochen sind wie wir oder ob sie nicht längst aufgegeben haben. Ob sie auch im Geiste zu Sklaven geworden sind. Ob wir nicht sogar durch ihre Hand sterben werden.

Doch selbst wenn, so werden wir wie aufrechte Krieger sterben und nicht wie gebeugte Sklaven. Mein Kind wird vielleicht nie das Licht der Welt erblicken – und wenn die Welt so bleibt, wie sie ist, ist es auch besser so. Noch kennt es nichts anderes als Wärme, Liebe und Geborgenheit.

»Ich habe eine Idee.« Mein Bruder spricht langsam, immer schon, obwohl er jünger ist als ich.

»Wir haben genug gesammelt, um uns Werkzeuge zu bauen, mit denen wir unsere Ketten öffnen können. Wir haben die Kraft unserer Muskeln, die wie die Waffen in ihrer Schmiede geformt wurden. Doch um Aussichten auf den Sieg zu haben, müssen wir sie schwächen!«

Einer schnaubt. »Wie sollten wir sie schwächen können? Außerhalb der Schmiede wagen sie sich nicht an uns heran.«

»Außer, wenn einer von uns stirbt.«

Jemand entzündet ein Licht. Sie halten unseren Vorrat an Fackeln spärlich, doch es fühlt sich notwendig an. Also lasse ich ihn.

»Wenn einer von uns stirbt, dann kommen sie ihn holen. Das könnte der Schlüssel sein!« Seine Augen glänzen fiebrig.

»Bist du krank?«

»Nein. Und das darf ich auch nicht werden.« Sein Lächeln kündet von Schmerz und Mut. »Stirbt einer von uns an Krankheit, Alter oder Schwäche, rühren sie uns nicht an, sondern werfen uns ins Feuer. Stirbt aber einer von uns an einer Verletzung oder wird von einem von ihnen getötet, dann ...«

Er spricht nicht aus, was wir alle wissen: dann essen sie ihn.

Welch barbarisches Volk nährt sich vom Fleisch ihrer Sklaven? Wie kann ein Wesen dieser Erde ein anderes verspeisen, mit dem es kurz zuvor noch gesprochen hat?

Die Frage ist so müßig wie alle anderen. Sie halten uns gefangen, lassen uns elendig und über Jahrzehnte hin sterben. Wieso sich dann nicht auch an unserem Fleisch laben, wenn unser Geist endlich frei geworden ist?

»Was hast du vor?«

»Ich werde mein Fleisch vergiften!«

Die Fackel knistert. Niemand macht auch nur die kleinste Bewegung, kein noch so leises Kettenscharren ist zu hören. Alles erstarrt.

»Womit?« Es ist meine Gefährtin, die die Stille bricht. Sie ist wie ich, geboren um anzuführen.

Ich ahne die Antwort, bevor er sie ausspricht.

»Sternenstein.«

»Sag uns mehr!«

»Wir haben drei Wochen. In diesen drei Wochen werde ich so viel Sternensteinstaub essen, wie ich kann. Ich werde krank werden und Schmerzen haben«, meine Brust schwillt vor Stolz darüber, dass seine Stimme nicht zittert, »und das Feuer nicht mehr für sie bändigen können. Ich darf nicht sterben! Wenn es so weit ist, drei Tage, bevor wir alle uns erheben, wird mich einer von euch töten.«

Wie könnte es anders sein? Manchmal gibt es nur einen Weg.

»Ich werde tun, als hätte ich dich im Streit erschlagen.« Die Bürde der Verantwortung lässt es nicht zu, dass ich dies einen anderen tun lasse. »Sie werden nicht wissen, dass dein Fleisch verdorben ist.«

»Genau. Sie werden denken, du habest mich bei voller Gesundheit erschlagen. Sie werden mein Fleisch zerteilen und essen. Das wird sie schwächen, vielleicht sogar töten.«

Meine Brüder und Schwestern nicken widerwillig, einer nach dem anderen. Es ist ein guter Plan. Es könnte sogar gelingen.

Wenn sich unter allen Sklavenschmieden nur jeweils einer findet, der ein ebensolches Opfer auf sich nehmen würde …

Es geht ihm mit jedem Tag schlechter. Der Sternensteinstaub hat seine Organe befallen. Längst geht es nur noch darum, ihn möglichst lange am Leben zu erhalten.

Sie ahnen nichts. Für sie sehen wir fast alle gleich aus, sie sehen uns nicht als Einzelne, sondern als Stückzahlen.

»Ihr werdet frei sein.« Ich sehe die Tränen in den Augen meines Bruders. Ich schäme mich meiner nicht.

»Ich hätte es tun sollen«, bricht es aus mir heraus. »Es wäre an mir gewesen, dieses Opfer auf mich zu nehmen!«

»Bruder!« Seine Berührung ist schwach und stark zugleich. »Das wahre Opfer nimmst du auf dich! Ich sterbe in der Gewissheit, alles für euch gegeben zu haben. An dir wird es sein, euch in die Freiheit zu führen. Du wirst derjenige sein, der mich töten wird. Und du wirst derjenige sein, der mit diesem Schmerz und mit dem Verlust all jener, die noch umkommen werden, leben muss. Glaube mir, ich beneide dich nicht darum. Du bist ihr Anführer, das bist du immer gewesen. Ich habe diese Last nie gewollt.«

Seine Stimme bricht und er schließt die Augen. Wenn es vorbei ist, werden sie ihn waschen müssen.

Die anderen kommen. Es ist so weit.

In ihren Augen stehen Mitgefühl, Trauer, Hoffnung und Wut. Sie alle verabschieden sich. Sie sind meine Brüder und Schwestern, aber der, der dort liegt und sein Leben für uns in Leid verwandelt hat, ist mein leiblicher Bruder, der Sohn meiner Eltern. Er wird die Jahre unseres Heranwachsens mit sich nehmen.

Erinnerungen blitzen auf und neue Tränen verschleiern meinen Blick.

Ich beuge mich vor, eine Kette klirrt.

»Ich verspreche dir, dass wir bis zum Letzten kämpfen werden«, flüstere ich in sein Ohr. »Ich verspreche dir, dass wir es schaffen werden, unser Volk zu retten. Mehr noch«, glühend heiße Wut steigt in mir auf und erst in dem Moment, in dem ich den Schwur ausspreche, weiß ich, dass er das ist, was ich all die Jahre wollte. »Ich schwöre dir, dass wir so etwas nie wieder zulassen werden! Wir werden sie vernichten, jeden Einzelnen von ihnen. Und dann werden wir sie auslöschen, aus der Geschichte unserer Welt und aus der Erinnerung unseres Volkes! Es werden eines Tages Kinder geboren werden, die nie erfahren werden, wessen Sklaven wir einst gewesen sind. Sie werden untergehen in Feuer und Blut und wir werden sie in den Abgrund des Vergessens stoßen. Wir aber werden überleben dank deines Opfers, mein Bruder. Ich schwöre dir, wir werden frei von ihnen sein. Wir werden uns vermehren und diese Welt beherrschen. Wir werden es besser machen und eine Zivilisation errichten, die nie ein anderes Volk unterjochen wird.« Ich schlucke. »Ich werde unserem Volk von dir erzählen, mein Bruder. Du wirst nie vergessen sein!«

Er nickt.

»Es wird dir gelingen. Das weiß ich.« Schmerz verzerrt seine Gesichtszüge. »Und jetzt tu es, mein Bruder. Töte mich. Bereite meinen Schmerzen ein Ende. Führe euch in die Freiheit!«

Es fühlt sich falsch an – ich kann meinen Bruder nicht töten!

Ich muss.

»Lebe wohl, Abel! Ich liebe dich!«

»Und ich liebe dich, Kain!«

Er lächelt.

Dann hebe ich den Stock – und lege all meinen Hass auf die Drachen hinein.

Herr Meier und die Große Leinwand

Monika Loerchner

»Ich komme schon, ich komme ja schon«, murmelt Herr Meier vor sich hin. Ächzend eilt er der Großen Leinwand entgegen.

Mehr als Trippelschritte sind ihm allerdings nicht möglich. Unter den linken Arm hat er die Klappleiter geklemmt; zusammengelegt zwar, aber dennoch sperrig. In der rechten Hand trägt er zwei Eimer, einen leeren und einen vollen. Der ist fast schon unverschämt schwer und schlägt ihm ständig schmerzhaft gegen Knie und Oberschenkel, bevor er mit einem stumpfen *Dong* gegen seinen Bruder prallt. In dem leeren Eimer stecken das Abrollgitter und die dicke Farbrolle.

Die kleine Rolle sowie die Pinsel schauen neugierig aus diversen Taschen seiner Latzhose hervor. Herr Meier mag keine Latzhosen, aber was soll man machen?

Der Weg zu seiner Arbeitsstätte läuft bei Weitem nicht so ruhig ab, wie er es an diesem Tag gern hätte. Nicht genug, dass er sowieso schon spät dran ist. Von überall grüßen ihn Leute, mal von links, mal von rechts, einige rufen ihm hinterher und andere entgegen. Einige wollen gar seine Hand schütteln.

»Tach, Herr Meier!«

»Ah, da sind Sie ja, wir waren schon in Sorge!«

»Morgen, Herr Meier!«

»Na, Meier, doch schon auf den Beinen?«

»Ja, ja«, brummt er zurück, nickt hierhin und dahin, er kann die Arme ja schlecht heben.

Schließlich erreicht er – trotz Trippelschrittgeschwindigkeit – die Große Leinwand. Sorgfältig stellt er die beiden Eimer ab. Dabei fällt ein vorwitziger Pinsel aus der Brusttasche seiner Latzhose und platscht mit einem satten Geräusch in einen Eimer. Und zwar nicht in den leeren.

»Auch das noch«, murmelt Herr Meier.

Einen Augenblick lang weiß er nicht so recht, was zuerst zu tun ist. Dann entscheidet er sich, zunächst die Leiter abzustellen. Er lässt zwei langstielige Pinsel in seine Hände hüpfen und fischt mit ihrer Hilfe ihren frechen Kollegen aus der Farbe.

»Und wohin jetzt mit dir?«

Der Pinsel zuckt mit den Schultern. »Die Große Leinwand ist schwarz. Ich bin blau!«, verkündet er.

Nun, da lässt sich kaum etwas gegen sagen.

»Tropf nicht!«, ermahnt er den Pinsel. »Ich lege dich nur kurz ab.«

»Aber ich will doch auch mal –«

»Darfst du ja!«, beruhigt Herr Meier den Pinsel. Der Kleinste, ausgerechnet. Die Arbeit wird heute also länger dauern – hoffentlich hält ihm sein Annchen das Frühstücksei und den Kaffee warm!

Herr Meier bückt sich, ächzt und stellt die Leiter auf. Als er sich davon überzeugt hat, dass sie fest und sicher steht, steigt er hinauf und holt eine kleine Schachtel hervor. Sie ist innen und außen mit einem ganz speziellen Stoff beschlagen. Der sieht zwar nicht so schön aus, aber was soll man machen? Ohne wird ihm die Schachtel einfach zu heiß in der Hosentasche; so wird sie nur angenehm warm. (Tatsächlich hat er sein Annchen schon an so manchem kalten Tag dabei erwischt, wie sie ihm die Schachtel stibitzte, die äußere Stoffschicht abnahm und sie sich dann mit unter ihre Mittagsschlafdecke packte.) Sorgfältig – er muss die Leiter zwischendurch mehrere Male versetzen – pflückt er die Sterne von der Großen Leinwand und legt sie in die Schachtel. Sicher haben sie viel zu bereden.

Der nächste Arbeitsschritt ist einfach. »Husch, hinein mit dir!«, befiehlt er dem Schwarzen vom Himmel. Das tut, wie ihm geheißen, macht es sich in dem vormals leeren Eimer gemütlich, schwappt einen trägen Abschiedsgruß und begibt sich dann zur wohlverdienten Ruhe.

Bevor er sich nun daran macht, die Große Leinwand blau zu streichen, prüft Herr Meier sie noch einmal gründlich. Nicht, dass wieder der Mond übermalt wird!

»Dann mal los!«

Beherzt greift er den über und über mit Farbe beschmierten Pinsel. Weite durchflutet ihn. Freiheit. Ein unbändiger Drang zu fliegen. Nur mit Mühe unterdrückt Herr Meier das Verlangen, das das Blaue vom Himmel in ihm weckt; wo es seine Haut berührt, kribbelt und prickelt es verheißungsvoll. Der Pinsel ist zwar klein, aber mit Eifer bei der Sache. Fast fliegt er von selbst über die Leinwand. Oder geht Herrn Meier die Arbeit deshalb so leicht von der Hand, weil ihn das Blau beflügelt?

»Fertig!« Alles an dem kleinen Pinsel strahlt vor Stolz.

»Das hast du gut gemacht«, bekennt Herr Meier und tätschelt ihm die Borsten. Es hat zwar länger gedauert als sonst, aber was macht das schon?

Ein Mädchen kommt vorbei. Es hat blonde, geflochtene Zöpfe und einen roten Lolli in der Hand.

»Das hat aber länger gedauert als sonst«, sagt es zwischen zwei Schleckern.

»Ich bin Künstler!«, empört sich Herr Meier. »Gut Ding will Weile haben!«

»Sieht aber schön aus!«

»Danke.« Sofort beruhigt er sich.

Er mustert die blaue Große Leinwand. Sie sieht schön aus, keine Frage, aber irgendwie hat sie ihm vorher besser gefallen.

»Aber irgendwie hat sie mir vorher besser gefallen«, sagt das Mädchen.

»Ach ja?« Interessiert beugt er sich vor. »Und wieso?«

Das Mädchen streckt einen Finger aus. »Da fehlt was!«

»In der Tat«, murmelt Herr Meier. »Aber was?«

Eine Weile denken er und das Mädchen angestrengt darüber nach. Dann zuckt das Mädchen mit den Schultern und geht weiter.

Irgendwann gleiten auch Herrn Meiers Gedanken ab, ziehen weiter, laufen vor zu seinem Annchen und dem Kaffee und dem Frühstücksei. Dann hat er DIE Idee!

Er muss noch einmal zurücklaufen; später wird er noch eine Schachtel kaufen müssen, aber das hat ja Zeit bis heute Abend. Es dauert fast bis zur Mittagszeit, doch dann ist er fertig. Zufrieden und mit vor Freude hüpfenden Pinseln (die Farbrollen dagegen halten es für unter ihrer Würde, sich Emotionen anmerken zu lassen; nichtsdestotrotz spürt er ihr freudiges Vibrieren) betrachtet er die Große Leinwand.

Leute kommen, bleiben stehen, staunen.

»Ist das neu, Herr Meier?«, fragt schließlich eine Frau und zeigt auf die Große Leinwand.

»Jawoll!«, verkündet Herr Meier und legt vor lauter Übermut einen kleinen Stepptanz hin.

»Und was ist es?«

»Das sieht man doch!« Herr Meier lacht. Er ist glücklich. »Das, liebe Freunde, ist das Blaue vom Himmel und das Gelbe vom Ei!«

DIE AUTORIN

Monika Loerchner wurde 1983 im Hochsauerland geboren. Nach ihrem Studium in Marburg (Vergleichende Religionswissenschaft, Friedens- und Konfliktforschung und Rechtswissenschaften) sowie einer Ausbildung in Projektmanagement zog es sie zurück in die Heimat.

Dort lebt sie nun mit Mann, Kindern und Hundedame Ayla und arbeitet immer an irgendetwas. Sie ist stur und nachgiebig, liebt Sport und Mittagsschlaf, mag erfrischend geistreiche und erschreckend flache Witze und schreibt alles, was ohne viel Geschmachte oder Erotik auskommt. Meistens ist sie nett.

Mehr unter: https://www.monika-loerchner.de

DER AUTOR

Leveret Pale ist ein Pseudonym des 1999 in München geborenen Autors Nikodem Skrobisz. Unter diesem erscheint seine phantastische Literatur. Darin arbeitet er spielerisch in Geschichten das aus, womit er sich sonst in wissenschaftlichen und journalistischen Publikationen auseinandersetzt. Das selbsterklärte Ziel ist dabei, neue Perspektiven aufzurollen und gewürzt mit einem gelegentlich makabren Humor den Menschen und der Welt auf den Grund zu gehen.

Er studierte Kommunikationswissenschaft und Psychologie, und schließt gerade ein Studium der Philosophie mit Fokus auf Ökonomie und Politik ab.

Mehr unter: https://leveret-pale.de/

Weitere Anthologien des Hybrid Verlags

VOLLKOMMENHEIT & WEITERE 20 KURZGESCHICHTEN

Wie wird der Mensch der Zukunft aussehen? Werden wir uns selbst überflügeln oder stehen wir vor einer evolutionären Sackgasse?
21 Autoren stellen in dieser Anthologie ihre spannenden, actionreichen und nachdenklich machenden Zukunftsentwürfe vor.
Das Abenteuer Mensch 2.0 könnte faszinierender nicht sein.

ISBN: 978-3-946-82047-5

DÄMONENRITT & 19 WEITERE KURZGESCHICHTEN

Wenn der Besuch bei der Schwiegermutter als wortwörtlicher Horrortrip endet und ein spätes Treffen mit einem Jugendfreund nachhaltig verstört ... Zwanzig Geschichten begleiten Protagonisten, die alltägliche, außergewöhnliche und unmögliche Ereignisse an den Rand des Erträglichen bringen, deren größter Feind – sie selbst sind.

ISBN: 978-3-96741-128-7